誰的青春不叛逆

神老師&神媽咪（沈雅琪） 著

前言

媽媽們，請多愛自己一點

和工程師戀愛長跑十年後，我們結婚了。

結婚第一年，我就懷孕了。當時我身兼生教組長和導師，並且帶領桌球校隊。每天挺著大肚子站在十字路口當導護，下課後又去陪學生練桌球。因為太操勞，懷孕時我只胖了九公斤，兒子生下來卻足足有三千五百克，生長曲線維持在95%。

由於胎位不正，我只能剖腹生產，滿懷期待地生下了第一個孩子後，整個人都沉浸在初為人母的喜悅中。

當時是母嬰分房，到了喝奶的時間，護理師就會通知我下樓去餵母乳。產後胸部又痛又脹的我，帶著肚子上十五公分長的傷口緩緩移動到哺乳室準備餵奶；不過，即使我再努力，兒子漲紅了臉，怎樣都吸不到奶，經常哭到聲嘶力竭。

護理師好心幫我按摩、熱敷來疏通乳腺，沒有奶水就是沒有，只好用擠奶器硬是擠出少許來餵給嗷嗷待哺的孩子。

我以為住在醫院的一個禮拜已經夠難受了，沒想到回到家坐月子才是噩夢的開始。兒子整天不是睡就是哭，我實在弄不清楚他到底是肚子餓還是尿布濕了？

大家都說母乳對孩子好，我用擠奶器擠了一個小時還不到 30 cc，他沒幾口就喝光了，還得再去泡奶粉才行。

那時工程師在新竹工作，沒有人可以替我換手照顧剛出生的兒子，導致我嚴重睡眠不足，心情變得焦慮，開始出現了產後憂鬱的症狀。

那段期間，我經常一個人開車出去，在街上漫無目的地晃蕩兩三個小時，坐在海邊狂哭，把內心憂鬱不安的情緒一股腦地宣洩出來。

那陣子為了育兒手忙腳亂的我，每天都在厭世和自責的情緒中度過，覺得自己好沒愛心，是個沒用的媽媽，怎麼會這麼討厭小孩呢？另一方面，不管我用什麼方法，兒子還是哭鬧不休，每次他一哭，我也忍不住跟著哭。每天面對這種精神折磨，日子真的是過得苦不堪言。

結婚後，我和工程師都沒有什麼積蓄，兩人的薪水扣除房貸、保母費後，幾乎所剩無幾。但是，第一次當父母親的我們，總想給孩子最好的，將他們照顧得無微不至。

原本照顧孩子就筋疲力盡的我，有了弟弟之後，生活又更加忙碌了。

當時，工程師問我：「妳要不要留職停薪帶小孩？保母費就能省下來。」

我心想，怎麼不是他留職停薪帶小孩呢？

雖然生氣，我還是笑著跟他說：「你看我一個月薪水有四萬多，扣掉保母費，還有一萬多可以買奶粉、尿布，當然要去上班呀！而且我覺得保母帶得比我好。」

工程師想想有道理，我這個沒耐心的人常常爆氣，如果二十四小時帶小孩的話，孩子可能會被修理得更慘。

相信做媽媽的不快樂，孩子也能感受得到吧！

我很慶幸當時沒有選擇放棄工作，可以保有一點自己的空間。

當了媽媽之後我才知道，這個角色一點都不簡單，也不輕鬆，永遠有操不完的心，和解決不完的問題。為了妹妹的成長遲緩和學習障礙，我不知道在夢中跳樓了多少次；為了哥哥們的叛逆，我經常淚濕枕頭，恨不得把孩子塞回肚子裡去。有時覺得人生苦到不能再苦時就安慰自己：**誰的人生沒有幾個坎？走不過去，就爬過去。沒有哪個坎，可以難得倒身經百戰的媽媽。**

當媽媽二十年，我最大的體悟是：如果連自己都不愛自己，沒有人會愛妳；

如果連我們都不心疼自己，沒有人會感謝妳。如果妳沒有在心中懷抱一點自己的夢想，等到孩子遠離身邊時，不知道生活還剩下什麼。我很想和所有正在努力奮戰的媽媽們說：「妳已經盡力了！不如就放輕鬆，好好愛自己吧！」

敬每一位和我一樣，曾被孩子傷透心，卻仍然努力成就孩子、傻不隆冬的媽媽們。

目錄

Chapter 2 青春這堂課

Chapter 1

別說教，只陪伴

青春不是病，叛逆起來要人命

兒子小的時候，我看姊姊教養青春期孩子時有很多意見，為什麼要事事順著孩子？為什麼不能規定他去做該做的事？為什麼要問他吃什麼？不吃就讓他餓肚子呀！

直到我自己也成了兩個青春期孩子的媽媽，我才發現，不是媽媽不教，而是孩子根本就不聽，甚至會唱反調，「你越是要我這樣，我就偏不要！」尤其兒子國中時身高長到一百八十公分，如果打起來，我穩輸的呀！此時，旁人的質疑眼光和意見、學校老師打來的電話、孩子叛逆的態度，都成了很大的壓力，感覺自己是一個失敗的媽媽。

孩子到了青春期，往往很有自己的想法，急著想要轉大人，脫離權威的管理，來證明自己長大了，親子之間就會有很多的衝突產生。

面對兩個青春爆炸期的兒子，我常常會陷入思考：「我在這個年紀的時候，對權威有什麼想法？對未來有期望嗎？」我自己高中時沒有太強烈的反叛心理，但是妹妹很叛逆，我媽媽當時是怎麼處理的呢？

哥哥高二時對假日要去學校自習非常反感，星期六早上七點是應該出門的時間，我都已經整裝好等著送他上學，他卻怎樣都不願出門，不管是動之以情、勸之以理，或是對他發脾氣都沒有用，不去就是不去。這樣一來，不僅給老師帶來困擾，也影響到班上其他同學。

我覺得既然是他自己選擇了這間以管理嚴格出名的學校，就該盡力去遵守校規，但他覺得假日就是自己的時間，為什麼還要去上學？因為這件事，他甚至不惜和我翻臉，高大壯碩的他在我的面前揮舞拳頭，還對著我大吼，差點就一拳打在我臉上！

一開始我實在無法接受孩子這種暴戾的行為，不過冷靜之後想想，或許他內心感到焦慮，不知道該怎麼辦才好，但又不願意妥協，只能把怒氣一股腦地發洩在最親近的家人身上。

為了假日自習抗爭，哥哥幾乎惹怒了所有人，根本沒有心思讀書，成績也一落千丈。

當下，我想到的不是解決他，而是替他「解套」。我自己高中時假日都在打工，所以向孩子提議：「你就把假日自習當作是去打工，你坐在教室裡好好上課，我給你工讀費。」

看到我給了他一個台階下，哥哥答應去上學，我和老師都鬆了一口氣，終於不用再為這件事煩惱了。

哥哥情緒穩定下來以後，開始把心思投注在課業上，努力達到給自己設定的標準。

我在臉書提到孩子的狀況，有人說讀書是做學生的本分，怎麼能用錢來鼓勵？怎麼可以寵壞孩子？但我覺得，**每一個孩子的狀況都不一樣，不管是脾氣、想法、成長背景，沒有任何一套方法可以完全套用在孩子身上**。

回想起來，自己陪著兒子歷經球隊十年磨練、退隊、休學、重新入學、拒學到考上大學的歷程，真的是一本血淚史。哥哥上了大學之後，像是告別青春期的終點，從一個脾氣火爆的叛逆少年，變回溫和又善解人意的大男孩。

平常住校的哥哥每隔兩個星期會回家一次，上週六我跑了兩場校園演講，回到家裡都已經晚上九點了。我洗好澡正準備要上床睡覺時，哥哥走進我的房間，想跟我聊兩句，看我有點咳嗽，他出去後，過沒多久拿了一杯水進來，問我：「我們家現在都沒有熱水瓶了？」

我說：「對呀！收起來好久了！」

他說：「這樣用熱水不太方便！」

我問他：「你想喝熱水嗎？」

他說：「不是，是想倒熱水給妳喝，喝溫的應該會比較舒服。」

哇！竟然這麼貼心哪！會察覺到我的需要，用行動表示對我的關心。卸除掉青春期的防衛，他就是個貼心的小暖男呀！我們母子之間終於可以好好說話，我是不是苦盡甘來了！哈！

當孩子不聽話時，做父母的不要感到灰心，

也不要輕言放棄，多站在孩子的角度想想，

那些莫名的怨氣和堅持背後，究竟隱藏了什麼？

或許就能更理解孩子一些。

最重要的是，讓孩子知道，

即使全世界都放棄他了，做媽媽的也沒有放棄。

與青春期的孩子和平共處，相愛不相殺

好多媽媽私訊問我，要怎樣跟難搞的青春期孩子相處？

其實我真的沒有什麼好方法。當老師二十多年，我也是第一次當高中生的媽媽，有時候根本搞不清楚青春期的孩子在想什麼？我只是一個求生欲滿滿的媽媽，抱持著想要和孩子和平共處的念頭，希望日子過得平靜又開心。

回想哥哥高中最叛逆的時候，說出來的話每一句都直接往我的心裡刺，才說他兩句，三字經就飆出來了。

我很怕他在學校跟老師起衝突、動手打老師，很怕接到學校打來的電話，擔心會上報。我也很不喜歡跟他一起看新聞，發現他對新聞裡報導的意外事件沒有任何同理心，我心裡只有一個念頭：他會好嗎？到底是哪裡出了問題？

從小我就教育孩子要心懷善念，以身作則，帶著他們送食物、衣服去孤兒院，送鞋子、外套去安置機構，送鍋碗食物給孤苦的阿嬤，努力照顧弱勢族群。尤其哥哥陪著我做最多。但是到了高中，他非但沒有跟我一起做善事，還對這個社會有這麼大的敵意，我該怎麼辦才好？

在哥哥高中最低潮的那兩年，我沒有跟他硬碰硬，也幾乎沒有跟他正面起衝突過。當他說出殘忍的話時，我不接話，也不反駁，我知道他需要一個出口去發洩心中的怒氣。

有時候我覺得他是故意挑釁，希望把我惹怒後，他就可以發飆，但是我沒有。在那個當下跟他講任何道理，他應該都聽不進去吧！在他發脾氣時不跟他起衝突，他就會像是拳頭打在棉花上一樣使不上力。

但是我會找機會跟他聊聊內心的感受：「你這樣說話，讓我很傷心耶！」然後輕描淡寫地說起自己最近在做的好事：那個孩子的媽媽過世了，我和網友一起捐錢，讓孩子可以處理媽媽的後事；那個家裡只剩下阿嬤和孫子，我們載米過去給他們；這次業配有 X 萬元，我們捐給那個學校的資源班增添設備……

當孩子情緒暴走時，我會耐心聆聽他的抱怨，當下不給予意見，也不隨著他的情緒起舞，等到他的心情漸漸平復下來時，再跟他好好談談。

不管哥哥的態度多麼冷漠、尖銳，高中三年，我每天早上一定幫他準備早餐，清晨五點四十分送他出門上學，叮嚀他天氣冷要注意保暖，**用溫柔和耐心接住孩子的徬徨和不安，希望用不打不罵的方式，陪伴他安然度過青春狂暴期。**

面對血氣方剛的青少年，硬碰硬只會讓他的戰鬥欲更強大而已。我努力找出與孩子磨合的生存之道，不斷地調整再調整，終於找到彼此和平共處的模式。

那天哥哥跟我說，天氣好熱，他走出社區吃午餐時看到外哨的警衛坐在警衛亭裡值勤很辛苦，所以回來時順便帶了一瓶冰綠茶給警衛。前兩天送他去高鐵搭車回學校時，他才一下車就打電話向我報平安，還跟我約定兩個禮拜以後再回來看我。

我想，孩子的心裡平靜了，父母的愛就看見了，埋在深處的同理心也冒出來了吧！在這個過程中，我不覺得辛苦，只是半白了頭髮。

好多朋友都跟我說這時期的孩子像暴龍一樣，超難帶的。有的孩子在家裡明明好好的，可是到了學校就變了個人似的。我只能說，孩子是自己的，我們一定要接受他、愛他、包容他，用他可以接受的方式去陪伴他。

青春期孩子需要的，是陪伴，是理解，是關心。也許學校裡的老師和環境，我們沒辦法選擇，至少在家裡，要讓孩子覺得自己是被重視、被關愛的。

想想，我們自己也曾經有一段自以為是的青春歲月。不妨試著用對待大人的方式，跟青春期的孩子相處，如果硬是用權威來壓制孩子，雖然他們的身體留在家裡，可是心早已迫不及待地飛出去了。

我不是個很懂教育的媽媽，

對青春期的孩子經常感到手足無措。

而我能做的，只是在他徬徨的時候不添亂；

在他憤怒的時候不添火；

在他遇到人生的轉折時陪在他身邊；

在他難過的時候，讓他安心地待在家裡就好。

掌握「抓大放小」原則，青春期父母不崩潰

青春期的兒子們說話常常帶刺、尖酸刻薄，我身為一個小學老師，聽了真的很痛苦。

有一次我問哥哥：「為什麼講話必須這樣？」

他說：「事實就是這樣呀！我有講錯嗎？他就是錯了，我不能講嗎？」

天呀！弟弟犯了一點小錯，他為什麼需要這麼生氣？事情有這麼嚴重？

有時我真的不懂，明明前一秒他們還很開心的聊天，後一秒好像就快打起來了？

哥哥霸氣又好勝，弟弟依賴心重又隨興，這兩兄弟個性差了十萬八千里，睡

在同一個房間裡，幾乎每天都在鬥嘴。當媽媽的我生氣又無奈呀！結果，我正覺得傷腦筋時，兩人卻又像沒事一樣，一邊看電視影集，一邊批評編劇無腦。

從小到大，我們對孩子的言行舉止非常在意，尤其是工程師特別在意孩子的品行，只要有不好的行為或言論，我們一定立刻提醒他們要改正。沒想到，一進入青春期，這些努力全都毀於一旦。

兩個兒子從小學開始就在球隊裡受到高壓管理，進入國高中以後，壓抑的情緒更是瞬間爆發，看什麼事情都不順眼，還會用教練對待他們的錯誤示範來辱罵別人，只要表現不好的都稱為「廢物」。用「憤世嫉俗」還不足以形容他們的行為，彷彿那些招惹到他們的人，就該從這個地球上消失似的。

在他們眼中，什麼事情都無所謂、什麼事情都沒意義，讓我覺得很憂心，又拿他們沒辦法。

平常我和妹妹八點多就上床睡覺，但我常不知道兩個精力旺盛的青春期兒子到底幾點睡。我很納悶，隔天早上總是叫不起床的孩子，為什麼不早一點睡呢？他們上了一整天的課，難道不會累？

每當我希望他們能把心思放在課業上又勸不動的時候，都會回想起高中時的自己。

雖然媽媽再三交代，大學以後才能交男朋友，但是每天只要一放學，工程師就會到校門口接我，帶著我去兜風、散心。現在想想，才高二的我哪有什麼壓力需要散心？那時候的成績簡直爛到底，根本不想讀書，還跟媽媽說，「為什麼每個人都要讀大學？沒有讀大學不能活嗎？」

記憶中，媽媽從來沒有跟我大聲說話過，只是提醒我交朋友要注意安全。高中聯考落榜後，我說要去體育用品店工作時，她也沒多說什麼。

開始工作之後我才發現，每天從早上十點站到晚上十點有多累！店員時薪只有幾十元，不但要打掃、鋪貨、包鞋子，還得忍受來試穿鞋子的大學生們有意無意的奚落。如果一不小心，店裡的東西被偷了就得被扣錢，一個月工作下來，只領到幾千元而已。

我深刻體會到，原來一切真的像媽媽說的那樣辛苦。但是沒有親身嘗試過，怎麼會心甘情願地回到校園，好好讀書呢？

當時我還收到婆婆寫來的信，希望我不要耽誤工程師讀書。看到那封信時我好傷心，原來我的存在影響了工程師的前途。

此外，工程師的同學也常常嘲笑我這個考不上大學的高中畢業生，讓我覺得自己配不上念國立大學的他。於是我毅然決然地到台北補習，考上師院，最後當上了老師。

我很少看教養書，因為很多教養書都讓我有種強烈的挫折感；我最怕看到教養專家說，教出火山孩子就是不負責任、教育失敗，是零分家長。事實上，沒有人能夠成為一個完美的父母。我們都曾經走過青春期，我也叛逆過，在年輕時感到迷惘和失落，找不到未來的方向和目標。究竟要用什麼心態去面對孩子的青春狂飆期呢？

青春期的孩子正處於半大不小、即將轉大人的年紀，他們的行爲和言語經常讓人抓狂，此時做父母的不妨掌握「抓大放小」原則，適時地裝聾作啞，忽略一些小細節。要是你的嘮叨，他們真的聽不下去，也就別說了！請把碎碎念吞下肚，只留下愛和關心。

願我們都能有足夠的心臟和智慧，去面對這群隨時會火山噴發的孩子。

青春期的孩子正處於半大不小、
即將轉大人的年紀，
他們的行為和言語經常讓人抓狂，
此時做父母的不妨掌握「抓大放小」原則，
適時地裝聾作啞，忽略一些小細節。

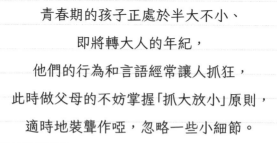

廚房裡的教育家，以身作則的溫柔教養

我媽媽國小畢業後因為要幫忙家裡種田，沒辦法繼續升學，一直是她人生中的遺憾。

二十年前，已經五十幾歲的媽媽，終於排除萬難去上國中夜補校，但是爸爸很不能諒解，兩人之間起了很大的衝突。

由於當時家裡還背負著幾百萬元貸款，媽媽必須一邊念書，一邊幫忙照顧貨運行的生意。所以，她每天早上五點起床洗衣服、煮早餐，處理完家事後，就開始辛勤地工作。到了傍晚，煮好晚餐又匆匆趕去學校上課，回到家都已經晚上十點了，仍然繼續坐在工作桌前寫作業。

媽媽每天忙進忙出的、沒有喘息的時間，最後卻以第一名的成績畢業；到了六十歲時，她又再接再厲，完成了空中大學的學業，實在令人佩服。

從我有記憶起，媽媽就是個大忙人，要搶到跟她相處的時間，真的很難！我的三個姊姊都是前段班學生，平時忙於課業，通常很晚才會回到家。而我每天放學回家後，就會到廚房裡陪媽媽煮飯，看看有什麼需要幫忙的地方。

我們家開貨運行，晚餐時間剛好是業務最繁忙的時候，不斷有司機和貨主打電話進來詢問事情，或是抱怨貨物又出了什麼狀況。媽媽常會趁著工作空檔洗菜、切菜，然後一聽到電話鈴聲響起又趕緊衝到客廳，解決各種疑難雜症。此時，廚房裡的工作就由我接手，我負責顧著爐子，等她回到廚房後，繼續把菜炒完。

這麼多年過去了，只要一回憶起童年，我就會想到那個在家務和工作中來回奔波的媽媽，她來去匆匆的身影。

我曾經問過工程師，想到婆婆第一個最深的記憶是什麼？他說小時候公公曾經被外派到沙烏地阿拉伯工作了很長一段時間，所以婆婆必須一個人照顧五個年幼的孩子，還要幫忙做磨石子地的親戚，當他的副手。

想到婆婆身高不到一百五十公分的身軀扛著砂石、做粗工的身影，就讓我心生不忍。

我很好奇，究竟兒子們眼中的媽媽，會是什麼模樣呢？

哥哥說：「妳總是在廚房裡一副很忙碌的樣子。廚房裡超悶熱的，瓦斯爐上有三個鍋子同時在煮，妳一下子切肉、一下子炒菜，最後總是能夠變出一桌子的菜來。」

巧合的是，我們在心中留下的媽媽形象，都是既辛苦忙碌又狼狽的一面。

孩子總是看著父母的背影，學習他們爲人處事的態度，在潛移默化之中，漸漸長大。雖然媽媽沒有傲人的學歷，但在我心目中，她卻是最厲害的教育家。她給了我們六個孩子很大的自由和空間，不管我們想做什麼，她都是盡全力支持。

如果我們六個孩子有一絲絲成就，或許都要歸功於媽媽溫柔而堅定的教養。

我很佩服媽媽的一點是，她不僅有超強意志力，面對六個脾氣倔強的孩子，仍然保持十足的耐性。像我妹妹沈慧蘭青春期時很叛逆，現在成為了賽車手，如果不是媽媽的包容和鼓勵，我想她可能不會有今天的發展。

我自己生養了三個孩子後，常常為了怎樣也學不會的妹妹和兩個叛逆的兒子傷透腦筋，到底媽媽有什麼厲害的法寶，可以收服六個孩子？我到現在都還沒參透呢！

孩子總是看著父母的背影，
學習他們為人處事的態度，
在潛移默化之中，漸漸長大。

把愛種在孩子心裡，化解手足之爭

有時候我會收到一些家長傳來的私訊，說他們年幼的孩子常有脫序的行為，令人頭痛。我第一個反應通常是問：「他有弟弟、妹妹嗎？」結果八九不離十，家裡有了小小孩，大小孩就變了樣。

有一年剛開學，我請班上的孩子做一張自我介紹學習單，其中一個孩子寫著：「我最討厭弟弟，討厭死了！」這個平時個性溫和又可愛的孩子，強烈的反應，讓我嚇了一大跳：「你這麼不喜歡弟弟嗎？」

他說：「對呀！他把我媽媽搶走了，我好恨他！」

幾年前，我的班上有個男孩，平常在教室裡帥氣又風趣，但是每次媽媽提到他在家裡的行為，都讓我無法置信——已經念小學五年級的他，一定要媽媽陪著睡覺才行。當他們全家出遊時，他不願意和妹妹同桌吃飯，跟父母拍照時也硬是不讓妹妹入鏡。

有次去喝喜酒時，他看到媽媽跟妹妹說話，就在喜宴上大哭大鬧！平常只要提到妹妹，就是一臉憤恨的表情，一副對妹妹視若無睹的樣子，還曾經把妹妹從床上推下去，讓妹妹受傷。

手足之間的競爭和嫉妒，不只會造成生活上的糾紛，更會影響孩子的人格發展。但是，在一個家庭裡要維持手足之間的公平，真的太難了！每個孩子的特質不同，比較溫和乖巧的一方，通常較受到長輩的疼愛，表現差異較大的孩子，常會被拿來比較，「你為什麼不能像弟弟一樣主動、乖巧？」「姊姊都考前三名，你為什麼考這樣？」

有時我們想要激勵孩子，卻在無形中之中築起了一道對立的牆。而當父母特別關注某個孩子，忽略了其他孩子內心的感受時，儘管他們沒有明說父母偏心，卻把一切都看得清清楚楚。

那些頑皮叛逆、愛頂嘴的孩子受到大人的責難時，往往不會去思考，是本身的行為，造成別人對待自己的方式。他們覺得父母親只疼愛弟弟妹妹，怪罪大人偏心。事實上，對於做父母的人來說，手心手背都是肉，每個孩子都是寶。面對孩子的吵鬧不休、手足間的互相厭惡，有時真的是無可奈何，還要花很多時間來處理他們的抱怨和不滿。

兄弟姊妹之間爭吵是難免的，**在替孩子排解糾紛時，重視他們心裡的感受，比爭論是非對錯來得重要**。別分了對錯，卻失去了孩子的信任。

兩個兒子住校回家時，我都會固定接送他們，把握機會，在車上跟他們聊聊天，並且趁孩子在家時多關心他們，想辦法種一些愛在他們的心裡，讓他們知道自己是被父母放在心上的寶貝。

我相信，**只要孩子心裡的愛足夠，就不會計較得到的多寡。**

我們家有六個孩子，很多人驚訝於我們兄弟姊妹的感情這麼好。妹妹小蘭多才多藝，經常得到各種獎項，其他三個姊姊的成績也很優異，有一個姊姊台大畢業、一個成大畢業，還有一位拿到 EMBA 學位。

在這麼多孩子之中，大概就屬我資質最平庸。但我不會因為自己成績不夠好而討厭姊妹們，我以她們的表現為榮；弟弟是我們家唯一的男生，個性溫和又乖巧，我超疼愛他的。

我們兄弟姊妹之間從來不會互相比較、嫉妒，這是因為媽媽把每個孩子都當作獨立的個體，從來不會拿任何一個孩子的表現來刺激或貶低其他孩子。她會讚賞每個孩子的優點，讓他們為自己的表現感到驕傲；當我重考考上花蓮師範學院時，她欣喜若狂，因為她知道我已經盡了全力，努力做到最好。

感謝媽媽給了我四個超讚的姊妹和一個弟弟，讓我在成長路上不會感到孤單，也不用一個人單打獨鬥。當我在人生路上狠狠跌了一大跤，在工作職場中受到重挫，跟用心對待十幾年的朋友斷然絕交時，我知道真正能夠信任的、在困頓時能夠不顧一切伸出援手的，只有家人。手足就是我最大的資產！

在替孩子排解糾紛時，重視他們心裡的感受，

比爭論是非對錯來得重要。

別分了對錯，卻失去了孩子的信任。

轉個彎，是為了找到更適合的道路

兩個兒子從小就喜愛打羽球，他們從球技的進步和大大小小的比賽中，得到了很大的成就感。談到羽球，眼睛裡滿滿都是閃耀的光芒。

進入體育班後，他們每天早上五點半出門上學，晚上八點多才回到家，假日還要去球場報到，就連過年也只休三天假，就得回學校繼續練球。這樣的生活整整持續了十年，成為日常。

我自己學生時代曾經是桌球校隊，在球場上苦練了八年，經常打球打到手破皮變形，膝蓋受傷，所以我知道身為體育選手的辛苦，以及每一次比賽，是用多少時間和心力換來的。在台灣，培養一個運動員要花不少錢，除了球拍、球鞋、球衣、隊費等固定開銷之外，假日和放學後的個別練習必須自己付費，一個小時一千元，都是我和工程師工作辛苦賺來的。

上了國中之後，哥哥遇到人生黑暗期，被教練冷凍、忽視，甚至一靠近就叫他滾開！這對一個十幾歲的孩子來說是非常大的傷害。

那位嚴厲的教練在球隊裡動輒打罵學生，當孩子表現不好時，在烈日下罰跑操場、賞巴掌、用球拍打、用腳踹他們、怒罵三字經，都是常有的事。哥哥對於教練嚴厲的處罰感到憤恨，也因為不服從管教而被冷凍，暫時不能上場打球。

當哥哥國三時成績一落千丈，說不想讀書了、想要休學，甚至問我：「存在的意義是什麼？」時，我看著孩子從原本外向、活潑的個性，變得厭世、孤僻，眼中的光芒一點一滴的消逝，感到非常焦慮。

一開始，我跟很多望子成龍的父母親一樣，把好好讀書放在管教孩子的第一順位，希望他們能夠靠著打球進入好的大學。當孩子在學校都快待不下去，才十幾歲的年紀就想放棄學習時，逼迫我不得不去思考孩子面臨的艱難處境。

哥哥因為坐冷板凳沒有比賽成績，但他憑藉著對羽球的熱情，還是以甄試考上一所公立高中的體育班。這間學校的教練非常專業又有耐心，我心想，兒子終於可以好好打球了。

很不幸地，這次又遇到了每天一進教室就辱罵學生、給他們取綽號，放任班上同學霸凌其他孩子的導師。

在高一快結束的五月，哥哥突然告訴我，他想離開球隊。長期運動傷害不僅讓他頻繁就醫，想到要在老師的辱罵下度過兩年，內心更是感到絕望。他說，和他一起住校的同學經常打手遊打到天亮，加上被教練嚴格的訓練操到爆，所以上課時大家幾乎都在睡覺，老師站在台上無力教，坐在台下的他們也無心聽。

結果，國中以第二名畢業的他，高一的成績竟然沒有一個科目及格。

有一天，他問我：「如果運動傷害更嚴重，有一天不能打球時，我能做什麼？」

他不知道兩年後自己會變成什麼樣子，也不知道這一年來，自己到底在做什麼，每天都過得渾渾噩噩的。

我聽了很心痛，下定決心幫他做出改變，脫離眼前的困境。

我告訴他，如果不繼續打球的話，不如轉學。

他同意了。

我開始幫他找尋下一所落腳的學校，但是以他一整年沒有好好讀書的成績，進入普通高中很難。最後，我問到了一所私立高職，可以用前一年的會考成績申請入學，但是要從高一讀起。

休學後，從六月到九月開學，他把自己關在房間裡整整三個月。除了吃飯之外，沒有離開房間一步，也不跟任何人聯絡。當時的他滿腦子都是負面思想，一說話就像是要跟人幹架似的，猶如一顆不定時炸彈。

那段時期，我曾經焦慮到求救心理醫師。我問醫師：「我的小孩會變好嗎？他會回到正常的狀態嗎？」我好怕他就此對人性失望。

還好，開學後哥哥最終願意踏出家門去上學。

身為媽媽的我沒能替他做些什麼，只能在他抱怨時聽他訴苦，每天早上幫他準備早餐，送他出門上學時，在車上跟他聊上兩句。

進入高職後，原本每天二十四小時跟手機相伴的哥哥，一進學校就得交出手機。我很擔心到了新的環境，他又會跟老師產生衝突，每天都過得戰戰兢兢的，深怕接到老師打來的電話。

哥哥從小一就開始打球，長期就讀體育班，很多課都沒有好好上過，學業能力很差；尤其是作文，這麼多年下來，幾乎沒有寫過。第一次寫作文時他很焦慮，覺得自己寫不出那麼多文字來，沒想到交出去後，竟然受到老師的鼓勵。

大概是獲得正增強回饋起了作用，他開始在意起自己的成績。我們約定好，每個星期的週考只要達到一定的成績門檻，我就會發獎學金給他，藉此鼓勵他不要放棄，繼續再接再厲。

進入高三後，每天在學校都得上全天的課，哥哥告訴我：「真的要認真上課才行，否則跟同學聊天的話題只有遊戲。」「有上課才能跟前幾名的同學討論功課，遇到不會的題目，問同學時才不會被嫌棄。」「要維持前幾名才能考上國立大學。」……這些話出自他的口中，讓我很驚訝。哥哥從沒有一個科目及格，到在意自己的學習表現，對於自己的未來有了期待和目標，最後順利考上大學，真的是很大的轉變。

我很感謝耐心陪伴他走過這三年的導師，謝謝他願意花時間跟兒子建立信任關係，穩住他的情緒，讓這個原本憤世嫉俗，幾乎就要放棄自己的孩子，重新拾回了自信心。

現在回想那段不堪回首的過程，雖然艱辛，慶幸的是，我們撐過來了！

記得當時有位同事問我：「讓兒子放棄努力了很久的羽球，不是很可惜嗎？」

我說不會，羽球是他一輩子的興趣。我們不是放棄，離開也不是因為承認失敗。孩子能夠有另一個人生選擇，是多麼值得高興的事。

有時候，轉個彎，

只是為了找到真正適合孩子的道路。

從哪裡起步都不嫌晚，我相信這個世界很大，

總會有適合孩子的路可以走，

一定能夠走出自己的一片天。

走出低谷，找到重新出發的舞台

那天應邀到基隆武崙國中參訪，幾年前帶著兒子轉學入武崙國中的畫面，又在腦海中出現，彷彿歷歷在目。

弟弟就讀前一所學校體育班時因為受傷不能練球，每天都得承受教練的辱罵，「不能打球就滾回基隆去！」「廢物」「垃圾」……同學有樣學樣，用魯蛇、廢物等字眼來羞辱他。此外他的功課慘不忍睹，我每天都接到導師傳來告狀的LINE訊息，像是訂正作業沒交被記警告，卻從來沒有跟我提過他在教室的處境。看著他每天拖拖拉拉不願意出門上學的樣子，他痛苦，我也好痛苦。

那段時間弟弟跟我說話時，他的身體都會左右晃動、眼神飄移不定，慣用的左手被自己剁到流湯流血，講不到三句話就開始暴怒。

遇到這種情況，也許很多人會說，那就轉學啊！但他打了八年的球，再過幾個月就升國三，我們能有什麼選擇嗎？只能增加帶他去看醫師的次數，希望讓他有機會重新上場練球，就不會被教練嫌棄了！

有天上英文課時，他被點名起來回答問題，同學一直在旁邊鼓譟著罵他廢物、魯蛇……，他忍耐不下去，就衝出了教室……後來學務主任通知我這件事時提到，孩子告訴主任，當時他很想從三樓跳下去。

接到電話時，我的心都涼了。那一刻，其他事情已不重要，我只想要自己的孩子活下去。所以，我沒有半點遲疑，直接替弟弟辦了轉學手續。

當我毅然決然地帶著弟弟回到基隆，就近找了武崙國中想要轉入。坐在辦公室裡等導師面談時，我看到好多孩子進進出出，跟老師們討論著作業、談笑著，整間辦公室充滿了笑聲，看不到前一所學校老師訓話時，孩子得蹲在地上聽的畫面，也沒有一整排罰站寫功課的孩子。

導師面談時表情很嚴肅，她看完弟弟的資料，告訴我：「這個班級是要讀書的，孩子打了八年的球，他只會打球，要不要再找一個有球隊的學校念？」我很明確地告訴導師，「我們不會回球隊去。」

結果導師告訴我：「那我們一起來替孩子找到另一個舞台。」

我聽了當場淚流滿面。

在前一個學校，誰在乎這個孩子能不能活下去？誰在乎他有沒有舞台？

弟弟在體育班裡花了很多時間練球、比賽，課業基礎極差，回到普通班後，適應和銜接上非常辛苦。他的導師很嚴格，很在意班上的讀書風氣，努力培養學生閱讀的習慣，緊盯著每個學生的作業和上課態度。

雖然班級嚴謹，但沒有人用酸言酸語去調侃弟弟，全班同學都很在意成績，也沒有人嫌棄他，還有一位女同學告訴他：「你不會的可以來問我喔！」

外賓來訪時，老師安排他擔任接待的工作；知道弟弟喜歡畫畫，把布置教室的工作交給他。

弟弟從小就愛讀歷史故事，所有科目裡歷史成績最好，歷史老師在上課時請他跟大家分享讀歷史的祕訣；數學老師看到他極差的分數，鼓勵他只要期中考及格，就請全班吃麥當勞。還有一位老師知道弟弟喜歡積木，只要碰到他時就會跟他分享組裝鋼彈和積木的趣事；導師約談他討論升學規劃時，鼓勵他報考廣告設計科……在這個班級裡，每位老師和同學都用友善的態度包容這個重新出發的孩子。

有一天，我發現他說話時身體不再搖晃，問他為什麼？

他很尷尬地說，有個同學看到他講話時會不自覺地搖晃，問他：「你在跳探戈嗎？」他才驚覺到自己有這種自然反應，從此改掉這個習慣。

我每天接送他上學，聽他笑著說起在學校跟同學的互動，跟轉學前才說兩句話就暴怒，簡直判若兩人。

受創的記憶會留在內心深處，不會像風一樣消失。我想那段受傷的往事一定還留在弟弟的心裡。幸好，新學校中的老師和同學的友善，消除了他對人的戒心；在畫畫上得到的成就感，也蓋過了被貶低、羞辱的過去。

還記得辦完轉學手續那天，台北剛好有個鋼彈展，我帶弟弟去逛展覽，還買了限量的鋼彈給他，跟他說：「慶祝你的人生重新開始。」

趁著他的心情平復下來，我跟他聊起那些霸凌他的同學：「他們真的都很討厭你嗎？」

弟弟說應該沒有，就是幾個人帶頭起鬨，旁邊的人跟著哈哈大笑，有些人只是站在旁邊，不敢說話。

「他們罵的都是平常教練在球場上罵的話呀！所以，他們大概不覺得有什麼不對吧？」

我跟弟弟說：「離開球隊後，我們一輩子不會再遇到這個教練，不會再遇到這些同學，在一個新的班級重新開始。你覺得自己有沒有需要改進的地方？」

他說：「我覺得我說話的方式要改變，因為他們罵我，所以我說話也很衝。之前我每天都覺得很痛苦，不想上學，也不想交作業。以後作業都要交，該訂正的訂正，就不會一直被老師罵。」

能夠有個重新開始的機會，真的很幸運。孩子在一個環境走不下去時，跟他一起找出問題，陪他在新的環境中重新開始。

受創的記憶會留在內心深處，

不會像風一樣消失。

改變不了他人，就改變環境

很多人覺得現在的孩子是草莓族，抗壓性很差，但是他們所承受的壓力也比我們年輕時要大。不僅是在學校被排擠覺得受傷，網路上的言語霸凌、班級群組裡的謾罵和羞辱，都可能是壓垮他們的導火線。

哥哥高一的時候，也遇到過喜歡罵學生的導師。有次他的週記沒交，老師竟然當眾說沒錢買週記的話，就請媽媽來學校申請低收補助，還替哥哥取了一個難聽的綽號，趁哥哥不在教室時說給全班同學聽。

有這樣的導師，自然班上就有人言語霸凌，娘炮、孬種……什麼難聽的字眼都可以從他們口中聽到。

我在群組裡跟老師溝通無效，於是當面到學校去找老師，「我來申請低收補助，請問是要跟您申請，還是找校長申請？」

老師說只是玩笑話而已，但我嚴肅地告訴他：「玩笑不是這樣開的，還好我們不是低收，不然你叫孩子怎麼活？」「可以請你不要再說孩子爛嗎？孩子不爛，被你說了一整年，原本不爛也爛了！」

這個情況一直沒有改善，孩子住校又跟同學朝夕相處，摩擦和衝突更是不斷發生，也影響了他的學習和身心狀況。

當時我找了輔導老師幫忙開導哥哥，沒想到輔導老師竟然跑到球隊，跟哥哥說：「你媽要我來找你……」讓他在同學面前既尷尬又難堪，對我也很不諒解。

最後我找到了校長，校長一點也不驚訝地說：「那老師就是任性。」

什麼！等一個五十幾歲的老師長大，我想我都老了！

那是一個完全走鐘的環境，有什麼好留戀的！雖然靠體育生甄選就可以上大學，但孩子都快活不下去了，就算前途再光明也走不到終點，有什麼用。

我想，把兩個孩子從體育班轉出，應該是我人生中最明智的決定。

很多家長擔心跟老師反應後，孩子的狀況會更糟。我只問一句：「現在還不夠糟嗎？」

霸凌很有針對性，同一個環境裡，每個人的遭遇和被對待的方式不一樣。當孩子被霸凌時，一定要跟老師反應，有時候不是老師不處理，而是霸凌在檯面下發生，老師沒能及時發現。但是，如果連老師都是一副事不關己、無能為力的樣子，面對孩子的困境兩手一攤，甚至本身就是帶頭霸凌者時，請做父母的挺身而出。

我們改變不了學校和老師，那麼，就改變環境！**錯過了青春期這個階段，很多事情就回不去了。**

前幾天看到孩子因為被同學霸凌跳樓自殺的新聞，心裡很不捨。有位媽媽跟我說自己的孩子被同學霸凌後，性情大變、成績一落千丈，甚至有輕生的念頭。

受到霸凌的孩子，不知道那些惡意會持續到什麼時候，也不知道在滿是批評和羞辱的環境中，自己還有沒有價值？很容易鑽牛角尖，甚至想不開。

當孩子已經開始出現身心症狀、情緒不穩、無法專心念書的情況時，絕對不能坐以待斃。

遇到孩子被霸凌時，離開壓力源是最好的方法，千萬不要在孩子覺得痛苦時還責怪他：「為什麼大家只針對你？」當孩子受到冷落時，也不要批判孩子，跟他們討論和同學在相處上遇到的困難，主動跟學校老師聯絡，讓那些惡意的對待可以停止下來。

我不是直升機媽媽，但是孩子遇到問題時，一定會努力捍衛孩子的尊嚴和權利，讓老師知道，您可以教育他，但是請不要羞辱他。

錯過了青春期這個階段，
很多事情就回不去了。

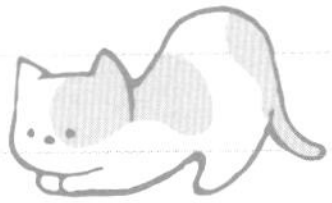

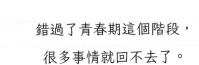

不管孩子的選擇是什麼，尊重他們的決定

弟弟讀高職時，有次我載他去上畫畫課，在車上，他突然跟我說：「考大學的時候，我想換個科系。」

我問他為什麼？他說：「學廣告設計真的很花錢，光是買顏料和畫布、學費就花了你們很多錢。」

我問他：「你喜歡現在讀的科系嗎？」

他點點頭。

我告訴他，媽媽實在很羨慕他，高中的時候就知道自己喜歡什麼。我讀高中

的時候，每天的生活就是念書、考試，根本無法想像自己的未來是什麼樣子。

「其實我從小就想像你的大阿姨一樣當空姐，但是高中時騎車出車禍，讓我的膝蓋留下了嚴重的疤痕，只好放棄這個夢想。一個人能有自己的夢想，學習自己有興趣的事物，是很幸福的事。」我說。

他說：「我很喜歡畫畫呀！但是實在太花錢了。」

「我和爸爸的經濟能力還可以，只要你們想學的東西，我們都願意支持。**把錢花在學習上是最值得的投資**，如果你不想浪費錢的話，那就要用心去學。」

他說：「可是，我發現自己雖然能畫，卻不是班上畫得最好的。」

我說：「**第一名只有一個，哪有辦法每個人都是第一名？**你每個星期天要上六個小時畫畫課，我光是想就覺得累，但是看你畫得很開心，一定是很喜歡呀！不要擔心自己畫得不夠好，繼續畫下去，媽媽支持你！」

雖然弟弟的學科成績一直不是很好，讓我很操心，但是我從來沒有因為考不好而責備過他。

選填大學志願時，我問弟弟大概會上哪個學校？

他有點難過地說：「考得不好，能選的學校不多。」

我說：「那就選你喜歡的吧。」

「可是，私立學校太貴了，我還是讀公立的吧！繳完我和哥哥的學費，這學期你們要破產了吧？」

我說：「有得選，就太幸運了！學校裡教的東西，以後出了社會再去學，要花好幾倍的學費，所以就算是私立的也很划算！」

一旁的工程師聽到我們的對話，問弟弟：「你有去了解想讀的科系了嗎？要修哪些科目？畢業以後是做什麼工作呢？」

他立刻上網找了弟弟可能會上的幾所學校科系資料，請他仔細研究。

「哇～原來這個系要修微積分，那個系要修工程數學……我對數學沒興趣，如果這些科目是必修，成績一定慘兮兮呀！」「哇～念完這個系，以後可以當動畫設計師耶！」

弟弟很喜歡動畫，是個鋼彈迷。他會把零用錢拿去買日本的鋼彈雜誌，就算看不懂日文，還是可以跟著書裡教的方法，製作出有趣又有創意的模型，經常一個人在房間裡玩得不亦樂乎。

最後，弟弟在志願卡上填了一百個志願。

放榜那天，我在蘇花公路上開著車，準備去花蓮演講，接到他打來的電話：

「媽，我考上公立學校了！」

「哈！填了一百個志願，電腦選了這個，那就注定你應該去讀這個學校啊！」

「我再上網找找看，有沒有和設計相關的課，再去選修。」他在電話那頭繼續興奮地說。

我一直相信，讓孩子選擇他有興趣的、想學的科系，為自己的選擇負責才是正確的作法。**如果孩子按照父母的期望選擇就讀的科系，以後遇到困難和瓶頸，就會覺得都是父母害的，是他們替自己選擇了一條不喜歡的道路，更沒有學習的動力。**

哥哥考大學時，他的統測成績還不錯，其實我很希望他可以讀科技大學電機系，畢業後跟工程師一樣在園區工作。可是他自己選擇了彰師大，我並沒有阻止，只是告訴他：「不管你選哪個科系，我都尊重你的選擇。但你可以想想看，未來的出路，是不是真的是你喜歡的？」

我從來不跟孩子說不可以，而是告訴他們：「如果你現在覺得讀書很辛苦，每天都早出晚歸的，連假日都要去學校自習，當然要選一個自己真正喜歡的學校和科系才划算呀！你念的學校和科系與將來從事的職業有關，也會連帶影響你的未來和生活，是不是更要好好地想清楚呢？做了決定之後，就要為自己的選擇負責任喔！」

哥哥在高一的時候，一度想要休學去打電競。當下，我沒有制止他；相反地，我替他報名了與電競相關的講座，還請曾經是電競國手、電競主播和說書人的弟弟vocal跟他聊聊，像是電競選手的培訓內容、退役後的發展，以及當電競主播該具備的能力，希望讓他了解，看似風光的遊戲產業也有現實的一面。

他跟舅舅談完回來後，我問他：「舅舅說了什麼？」

「舅舅說，如果我想當電競選手，他要幫我做訓練耶！他還說如果想當電競主播，肚子裡要有料，要言之有物，別人才會聽你說話。當電競選手沒有學歷限制，但是當主播會有學歷的要求，所以舅舅要我把高中讀完，就算成績不好，至少每一科都低空飛過就好。」

拒學三天的他，竟然就這樣想通了！他依照跟舅舅的約定，隔天背起書包上學去。

過了幾個禮拜，看他沒有再提起這件事，我趁著聊天時主動追問，他說仔細想想，自己好像不適合當電競主播，覺得這個遊戲產業不如他所想像的美好，因此打退了堂鼓。

父母給孩子的建議是出自好意，希望孩子能夠少走一些自己走過的冤枉路；但是聽在叛逆的青少年耳裡，往往認為父母想要干涉自己的決定。為了捍衛自己的自主權，所以反其道而行。相對地，如果得到父母的尊重和支持，反而會冷靜下來思考，這真的是自己想要的結果嗎？

也許有人會問：如果萬一孩子選錯了呢？

安啦！人生不會事事順遂，就算一時選錯科系、工作，人生也不會因此就毀了。

如果孩子按照父母的期望選擇就讀的科系，
以後遇到困難和瓶頸，
就會覺得都是父母害的，
是他們替自己選擇了一條不喜歡的道路，
更沒有學習的動力。

學會放手，是父母的人生課題

哥哥去大學報到的前幾天，我就一直在心裡盤算著他會用到哪些東西，巴不得把家裡的東西全部都打包，讓他帶去宿舍。

搬進宿舍那天，工程師請了一天假，一大早就載著哥哥和他的行李去彰化，還拍了宿舍照片給我看，環境似乎不錯，讓我放心了不少。

到了晚上九點多，哥哥傳來LINE訊息說，他忘了帶吹風機。我心想，哥哥沒有機車，學校宿舍和市區有段距離，要去哪裡買？要不要隔天下班後直接送一個去彰化給他？還是問他缺少什麼東西，我一起帶下去？越想越覺得自己真是誇張，明明希望他離家後可以學會獨立，學會自己解決問題，卻又擔心這麼多！好吧！雖然自己常說要當個甩手媽，心裡還是掛念著沒有出過遠門的孩子。還好，最後我忍住了，孩子要是沒得用、沒得吃，自己就會想辦法了啦！

結果，哥哥剛搬進學校宿舍不久就遇到大颱風，那天晚上他傳來訊息：「宿舍都沒人耶！四人房變成套房了，真棒！」

我問他：「你一個人會不會覺得孤單？」

他說：「不會，一個人多好！」

工程師在旁邊問：「他要回來嗎？要就現在，不然明天下大雨。」

哥哥說：「有可能嗎？現在九點了。」

我把高鐵的班次用 LINE 傳給他，他竟然立刻收拾行李，坐上計程車，搭了晚上十點的高鐵回基隆。

在回程的車上，我問哥哥：「你想家、想我了吧？」

他說：「沒呀！反正是上網課，在家裡有妳煮飯，也不用自己洗衣服，還有五隻貓陪著吃飯多好！」

原來不是想念媽媽的好（淚）。

去年弟弟考上大學，也開始離家住校，兩個禮拜才回來一次。每次我從送他踏出家門的那一刻起，就忍不住惦記他。我想念他每天下樓時和我說早安和晚安，想念他只要看到我站在廚房，就會幫忙打開電風扇；我想念他替我做的鐵板麵的滋味……

怎麼好像都只有做媽媽的會掛念，這個臭小孩都不會主動打電話回家呢？有次我們連續兩天沒通電話，我心想，要是他打來，一定不理他。結果第三天他打來了，只有一句：「媽，來接我！」

看來，平常再強悍的媽媽，遇到孩子就沒轍了啊！但是，**媽媽就是這麼矛盾的生物，一方面希望孩子能夠獨立，另一方面又希望能夠看顧他們一輩子。**

大一時哥哥住的是學校最新的宿舍，到了大二必須搬回舊宿舍，因此學長鼓勵他搬出去住。

我們當然希望他能住在學校，上課方便，也相對安全。但是哥哥不是一個容易聽勸的孩子。

他跟著學長去看了幾個地方，覺得某間房子很不錯，房租便宜，環境又乾淨。

我問他：「有對外窗戶嗎？是水泥隔間嗎？有沒有逃生路線……」

他說：「對耶！我怎麼沒注意到這些地方，我會找時間再去看一次。」

他說不在乎房間有沒有對外窗，反正他不愛開。

我告訴他：「還是要有對外窗戶才行，如果整層樓瓦斯外洩，連新鮮空氣都進不來。」

他說木板隔間沒關係，他不怕吵。

我告訴他：「如果遇到火災，木板隔間燒很快，水泥隔間比較安全。」

第二天他又去看了一次那間房子，果然發現如我所說的，立刻打消念頭，另行尋覓別的住處。

工程師問我，「要不要去幫兒子看房子？」

我反問他：「你念大學的時候，你的爸爸媽媽有去幫忙看房子嗎？我們只要把應該注意的地方告訴他，提醒他就好，讓孩子自己去衡量和做決定。住起來是好是壞，就是他自己要承擔的了。」

我從大一開始就在外面住，我們都是自己找房子，自己簽約做決定。光是大學四年，工程師就搬家了三次，我也搬了四次。

當時，家人根本不知道我住在什麼地方。每次搬家，我都是自己用機車一趟又一趟地來回搬運。遇到機車在半路上拋錨，我得推好遠才能找到機車行。

有次我和另一個同學合租一層樓，這間房子什麼都好，就是沒有洗衣機。同學都把衣服帶到學校，在男朋友的宿舍裡洗。我無計可施，只好用家教賺來的錢買了一台二手洗衣機，這才解決了洗衣不便的問題。遇到租屋處燈管壞了、水管阻塞，我也得自己想辦法更換修理。

我的父母並不知道大學四年當中，我一個人在外面獨立生活，遇到過什麼問題。當時花蓮沒有7-11，買東西實在很不方便。每天傍晚，我會去黃昏市場買一條十元的紅目鰱、一把十元的青菜，每餐煮十顆冷凍水餃或白麵條，解決民生問題。

最可怕的一次經驗是，某天深夜我在租屋處接到一通變態打來的騷擾電話，說他知道我住哪裡，只要我把電話掛掉，就要來找我。還說他正用望遠鏡看著我的窗口，要我撫摸自己的身體給他看，嚇死我了！我哭著打電話給在成大念書的工程師，但是遠水救不了近火。

儘管當時生活中充滿各式各樣的挑戰，不知地高地厚的我，卻覺得好像什麼事情都不難倒自己，碰到問題就是硬著頭皮去面對、解決它。

我們年輕的時候都是靠自己的努力去摸索，慢慢累積經驗。孩子也是一樣，要懂得適時放手，讓他們自己去迎接人生中的各種挑戰，勇於承擔後果，孩子才能從經驗中學習，獲得成長。但是，不僅孩子要學習長大獨立的人生課題，當媽媽的也要學會放手；否則，就只能永遠當孩子的免費司機、媽寶的媽。

我們年輕的時候都是靠自己的努力去摸索，
慢慢累積經驗。
孩子也是一樣，要懂得適時放手，
讓他們自己去迎接人生中的各種挑戰，
勇於承擔後果，
孩子才能從經驗中學習，獲得成長。

用對溝通方式，拆除孩子的情緒地雷

有一次在簽書會上，有位媽媽說自己的兒子，一上了國中就變了個樣，超叛逆的！兒子在學校經常惹事生非，老師也不斷打電話、傳LINE給她，告知孩子在學校的狀況連連。而孩子回到家以後就像吃了炸藥一樣，口氣很衝，只要講他半句，不是擺臭臉，就是怒目相視，一副隨時準備跟她對槓的樣子。

還有不少媽媽私訊問我，她們的高中生孩子很難管教，讓她們十分煩惱，要如何減少親子之間的衝突呢？

那位讀者口中描述的孩子陰陽怪氣的情況，其實就是兒子國中時的寫照。

這對於第一次當青春期孩子媽媽的我來說，真的是一場震撼教育。原本在國小乖巧體貼的孩子，上了國中之後，突然變得好陌生；從他口中說出來的話負面又尖銳，讓我一時之間很難接受。

我一路看著孩子長大，了解他的本性並不壞。我平時對孩子們好，相信孩子都看在眼裡；所以，當孩子的態度不佳、刻意頂撞父母時，我不會隨著他們的情緒起舞，而是「冷處理」，用一種溫和不衝突的方式，讓他知道，做父母的其實是在意的。

每天早上孩子出門上學前，我都會準備熱騰騰的早餐，站在家門口跟他們寒暄兩句，說聲再見。但是，只要孩子對我和工程師的態度不好、亂發脾氣，早餐就會是冷饅頭、麵包，能吃飽就好。所以看到餐桌上的食物，他們就知道媽媽不高興了！

哥哥跟我一模一樣，個性火爆又任性。他的本性善良，卻因為好勝不服輸，在人際關係上遭受到很多挫折。我了解這種痛苦，因為我就是這樣走過來的。我自己的脾氣硬，又如何要求生出來的孩子個性溫順呢？

有一次，哥哥騎摩托車出去吃午餐，從餐廳出來後，看到自己的車子倒在地上，後照鏡破了，新買的後車箱也磨損了。回到家以後，他氣呼呼地打電話給我和工程師咆哮了一頓，並出口詛咒那個弄倒他車子的人。

當時我們正在前往雲林婆家的高速公路上，沒辦法立刻處理，只能聽他在電話中發牢騷。

哥哥對自己的東西一向非常愛惜，看到自己的愛車損壞，當然生氣。隔天他的氣消了，我在廚房裡煮飯，跟他聊到前一天的事情：「車子被弄倒弄壞，你一定很生氣吧？小蘭阿姨說，如果有人弄到她的車子，她會很生氣，也很想罵人！」

聽到這裡，他笑了。

我告訴他：「車子停在外面出事的狀況常常會有，弄倒的人可能是不小心的。你的車子很重，要是我弄倒了，也扶不起來呀！但是，問題不是我們造成的，你罵給我們聽，把氣出在我們身上，對事情沒有任何幫助。接到你的電話時，我第一個反應是你有沒有受傷？第二個反應是可以去哪裡換後照鏡？如果我是你，會拿出手機用 Google 查一下附近的機車行，哪間星期天有開？沒開的話，隔天可以去哪裡換？**事情發生時，一定會有情緒，先想想處理的方法，再想辦法解決問題。**」

當了小學老師之後，我跟數百個孩子的情緒交過手。當了三個孩子的媽媽後，我發現，**青春期的孩子不是不能溝通，而是要找對時間和方法，避開他的情緒地雷。當他們聽得進人話的時候，談話才有意義。**

當孩子出問題時，心情越是激動，越是要冷靜下來，與他們好好對話才行。**做父母的先穩住自己的情緒，更能處理孩子的情緒，也能讓孩子在情緒失控時懂**

得慢下來，釐清自己的思緒。

孩子們習慣用最原始的方式表達內心感受，而大人應對孩子情緒的態度，往往也會影響到孩子處理情緒的方式。

當一個孩子被憤怒和恐懼的情緒籠罩，或是長期被否定和忽略時，很容易對照顧者失去信任和安全感，只能用更強烈的表現方式被看見。其實他們內心是渴望被接納的。接住孩子的情緒，才能找回彼此之間的信任感。練習從孩子的對話中解碼他的情緒，同理他的感受，我們就能成為孩子在遇到困難時，願意主動求助的那個人。

青春期的孩子不是不能溝通，
而是要找對時間和方法，避開他的情緒地雷。
當他們聽得進人話的時候，談話才有意義。

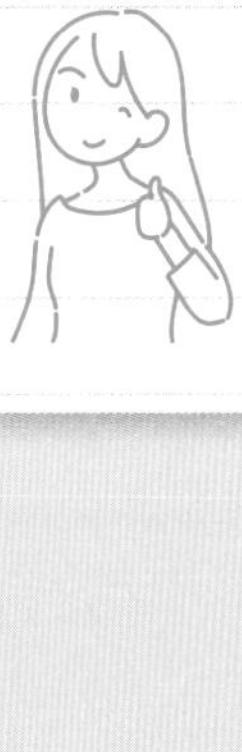

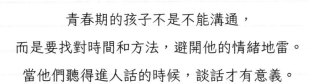

以關心取代碎念，才能與孩子有效對話

去年我到一所國中做親職講座，演講完後，有一位媽媽舉手發問，滔滔不絕。她除了一口氣問了我很多問題，還夾雜了好多情緒。

當她說到第四個問題時，我忍不住打斷地說：「媽媽，妳一下子講太多，我記不住呀！妳剛剛說的第一點是什麼呢？」

媽媽說，她雖然常常叨念孩子不聽話，但她其實也很想跟孩子好好溝通呀！但是孩子無法約束自己，對父母親的態度又差，有時嘴裡還會飆出三字經。

看到自己說的話，孩子一句也聽不進去，令她十分沮喪。

我問媽媽：「妳在跟孩子對話時，有沒有給孩子說話的機會呢？妳有靜下心來聽孩子說什麼嗎？像剛剛那樣，妳一口氣說了很多，急著想把心裡的話全部說完，我已經忘了第一句在說什麼。」

當父母講的話落落長，一直碎碎念的時候，孩子記不住，甚至聽不懂，又無法反駁和解釋時，自然會不耐煩，甚至出現憤怒的反應。

「是不是孩子對妳吼了三字經之後，妳就停下來了呢？」我問。

她點點頭。

有的時候，孩子一開口就口不擇言，其實是想讓父母停止嘮叨的行為。

我知道這位媽媽很擔心自己的孩子，急著要孩子做好應該做的事，但是於事無補，只會讓孩子覺得媽媽很囉嗦，更不想靠近她，親子關係也變得越來越疏離。

和青春期的孩子對話要講重點，讓他們清楚了解，我們想要表達的是什麼。當孩子聽得進去的時候，說一句就能懂；聽不進去的時候，說一百句也沒用。

孩子上了高中以後，我每天早上五點起床，五點四十分準時送他們上學，跟他們寒喧幾句。一整天下來，我們交談的時間往往只有早上出門前十分鐘。晚上孩子回到家，看到他們，噓寒問暖都來不及了，哪裡有時間叨念呢？所以，我會把握這段可以跟孩子輕鬆對話的晚餐時間，關心一下他們最近在做些什麼。

如果一天只剩下十分鐘可以跟孩子說話，你會選擇關心，還是喋喋不休呢？於是，我努力刪去孩子不想聽的碎念，在忙碌的生活中努力找到一點縫隙，跟他們相處。

有時候孩子講不聽，我也不強求，就當作他們是在住校。既然看不到人影，也毋須掛念，每天多幾分鐘相處，都算賺到。況且，和叛逆的青少年相處需要耐心，維持一天十分鐘的相處，大概是更年期的我與青春期兒子之間最完美的距離吧！

和青春期的孩子對話要講重點，
讓他們清楚了解，我們想要表達的是什麼。
當孩子聽得進去的時候，說一句就能懂；
聽不進去的時候，說一百句也沒用。

做個說話有溫度的媽媽，是我的修行

我從小說話就很直，有什麼說什麼，就是大家說的嘴花不好，沒辦法說好聽話來迎合不喜歡的人。以前看到那些私底下罵校長、主任罵得最凶的同事，面對他們時卻能笑臉說出巴結奉承的話，心裡都會覺得好厲害，怎麼能說出違心之論，還說得這樣自然？

這種直來直往的個性讓我在人際關係上常常碰壁，也從來沒有上司緣。

但是，幾年前新的校長告訴我們：「每天都要去讚美、鼓勵一個孩子！」讓我開始反省自己，並且修正待人處世的方式。

面對班上低成就動機的孩子，看到她兩隻手的指甲上塗滿紅墨水，我不是辱罵禁止，而是準備好透明的櫻花指甲油，告訴她；「妳今天有把作業完成，超讚的！寫得很整齊呢！」我幫她擦上漂亮的透明指甲油，這個鼓勵讚美的動作，讓她不再把雙手塗滿墨水，剪去又髒又長的指甲，也讓她知道自己有認真完成作業是一件非常棒的事。

在教室裡，我開始每天讚美不只一個孩子，只要孩子完成自己的工作，就針對他們做好的地方讚美兩句。比起批判和辱罵，針對好行為給予讚美和肯定，更能夠改變低成就動機的孩子。一旦他們在微小的地方得到成就感，習得成功經驗後，更樂於付出努力。

前幾天，我在餐廳吃飯的時候，旁邊坐著一對母子，男孩大概是國中生的模樣。

他們的對話太大聲，我不想聽也聽得清清楚楚。

媽媽：「你怎麼不穿我剛買的鞋子？買了不穿要幹麼？」

兒子：「誰想穿你買的！」

媽媽：「出來吃飯，幹麼臉這麼臭？」

兒子：「就不想跟你們一起吃飯，幹麼勉強我？」

媽媽：「你一定要每次都把好好的假日搞成這樣嗎？」

兒子：「妳說夠了沒？誰想跟你們出來！」

一會兒，爸爸來了，兒子立刻閉上嘴，三個人沉默地吃完飯後離開。

看到這一幕，我很有感觸，**想要讓叛逆期的孩子不說氣死人的話，做父母的不被孩子的話激怒，眞的是一門學問，也是修行。**

有個媽媽曾經難過地跟我說，孩子回到家都不想跟她說話，一聊起來才知道，以前孩子在外面受挫回到家訴苦時，媽媽會跟他說：「死好！」「活該！」「誰叫你……」「我不是跟你說過……」

當孩子知道在難過的時候得不到安慰和支持，又會被訓一頓，久了之後，自然就不說了。跟孩子說話，千萬不要用批評或是羞辱的方式，當孩子常常接收到負面批判時，回應的也是充滿殺傷力的話語，就會變成惡性循環。

我常覺得，手機 **APP** 需要更新，教養孩子的方式也需要更新，否則可能不符合孩子的需要。

記得有一次，工程師氣兒子玩手機過了頭，想要沒收他的手機，因此起了衝突，我立刻把他們隔開。

到了晚上，等工程師氣消了，我跟他說：「幹麼跟青春期小屁孩一般見識！這個年紀的孩子朋友不多，休閒時間也不多，所有重心都在手機上，你把他的手機收走，不是要他的命嗎？他會不會為了捍衛手機豁出去？你平常這麼照顧、這麼疼孩子，要是一拳揮下去，要多久才能修復父子之間的感情？」

跟大孩子相處時千萬不能動手，只要動手的模式養成，孩子長大後反擊的力道是我們無法承受的。

兒子在生氣時口不擇言，我常常都當作沒聽到。趁著載他出門，他心情好的時候，跟他談談：「你長大了，要為自己的言行負責，在生氣當下做的事、失控說的話，你覺得承擔得起後果嗎？」

所以，當工程師對兒子的行為不滿時，我會勸他，如果不是會影響到他人的小小壞習慣，不如睜一隻眼閉一隻眼，減少跟他們之間的衝突。**對孩子再好，一次的親子衝突可能就會抵銷一百次對他們的好**。**用提醒代替責罵，是比較好的作法**。

我也跟兒子說，爸爸平常這麼的辛勞，對爸爸說話要客氣一點，話說出口之前，請想一下，會不會傷了爸爸愛你們的心。

我從來不在兒子面前罵工程師，因為我知道，抱怨和批評久了，下一次主角可能就會是我。我也從來不在和工程師吵架生氣時說要離婚，氣話說了就收不回來，對夫妻關係的殺傷力卻很大！

平常我會檢討自己，說話是不是帶刺傷人？是不是總是負面思考？雖然說出來的是實話，會不會讓人覺得反感，難以接受？**每個人都有自己的情緒，沒有人想要額外承受他人的情緒負擔**。如何讓別人愉悅地聽自己說話，是需要學習的。就算你的肚子裡再有墨水、腦子裡再有想法，沒有人願意聽，都是白搭。

以前有個朋友談論事情時，冷不防就會冒出一句口頭禪：「關我屁事！」有一次，朋友跟孩子說自己不舒服，孩子立刻回了一句：「關我屁事！」讓她當場勃然大怒。

另一個朋友在太太說話時常常會當眾怒斥她：「閉嘴！吵死了！」孩子聽久了也有樣學樣。結果某天，當朋友的太太又開始碎碎念的時候，孩子對著她吼：「閉嘴！吵死了！」一站在一旁的我看了也覺得怵目驚心！

言語就像迴力鏢一樣，如果平時你對孩子說話的方式粗暴、憤怒，可想而知，孩子回應的，也是難聽的話。我們一心只想著要孩子好好說話，但是卻忽略了父母親的身教很重要，給予孩子的影響也很大。因此，做父母的在怪罪孩子的態度不好之前，請試著想想，我們和他說話的方式正確嗎？

我期許自己成為一個說話有溫度的媽媽，不管是對老公還是孩子，都要好好讚美，好好說話。

對孩子再好，

一次的親子衝突可能就會抵銷一百次對他們的好。

用提醒代替責罵，是比較好的作法。

別為了寵愛孩子，委屈了自己

前陣子看了一部日本電影《今天也要用便當出擊》，電影裡的單親媽媽為了維持家計，必須同時兼好幾份工作，但是孩子對母親的辛苦卻不領情。處於叛逆期的孩子怪裡怪氣，喜歡耍酷，完全不把媽媽放在眼裡，媽媽只好想盡辦法跟孩子取得連結。她開始做起怨念便當，用最直接的方式表達自己的想法，與孩子溝通。

我一邊看這部影片一邊笑，還不時因感動而流下眼淚，從中得到了療癒效果。原來我面對的兒子不是異類，只是進入青春期的正常高中生啊！

雖然孩子一天天成長，可是在媽媽的心中，他們仍停留在童年天真無邪又可愛的階段。孩子的房間從堆滿恐龍、變形金剛，到整個櫃子都是動漫人物模型，我還是用一樣的方式愛著他們。孩子在學校受到傷害，陪伴他們修復受傷的心時，我在不知不覺中對他們付出了過度關心。為了減少彼此之間的摩擦，我和他們說話時小心翼翼，仔細觀察他們的表情和感受。只要他們的要求不過分，我能做到的都盡量去做，充當隨時接送的司機，他們想吃什麼都盡量變出來。

但是，孩子不一定能夠體諒做母親的苦心。有一次因為一件事和哥哥起了爭執，我堅持不妥協；就這樣，哥哥跟我冷戰了整整兩個月，跟我同桌吃飯時，也完全無視我的存在。剛開始當然很痛苦，但是我怎麼能容忍自己被孩子這樣對待呢？

每天下班後，我趕著去黃昏市場買菜回家做飯，在廚房裡煮飯熱個半死，孩子卻怎麼叫，也不下樓吃飯。有時叫到我都快沒力了，他們卻堅持要把手遊打完才願意下樓，讓我和妹妹餓到頭昏眼花。

後來我乾脆不叫了，煮好飯後，跟妹妹一起開動。他們要吃冷飯、上面有一層浮油的冷菜，那是他們的選擇。

幾次以後，哥哥下樓看到菜都涼了，反問我：「妳怎麼都沒叫我？」

我告訴他：「以後不會叫了，要吃熱的飯菜，請你們自己準時下樓。」

這招果然很有效，大概每天到了晚上六點二十分，兒子們就會自動出現在客廳。有時我工作很累，來不及煮飯，連續好幾天買便當給他們，自己隨便煮個麵吃，也不再抱持罪惡感。

過去，我每天早上起來做熱騰騰的早餐，想盡辦法保溫。孩子似乎覺得這是理所當然的事，不會想到媽媽一大早就花時間準備，全身都是油煙味，多麼辛苦。

我想讓孩子知道，**媽媽照顧孩子的起居和生活是出於愛，不是義務**。我也可以用最簡單的方式準備三餐，而不是凡事親力親為，還要看孩子的臉色。

所有的關係都是互相的，當媽媽的很簡單，孩子只要有一點點回應，就會義無反顧地付出。但是當孩子不接受、任意揮霍媽媽的愛心時，做媽媽的只能含著眼淚收回。

到了這把年紀，我體悟到別把希望都寄託在孩子身上，要多留一些時間和空間給自己。寵壞了孩子，只會委屈了自己。

奉勸所有辛苦付出的媽媽們，別為了孩子而犧牲自己。請想想：當孩子長大、離開我們的身邊時，我們留給自己的還剩下什麼？

從妹妹小一入學後，每年秋天，我幾乎都會莫名憂鬱，很多過去的事情開始浮上心頭，不斷地折磨自己。當我情緒低落、不想說話時，就想跑到海邊，好好地大哭一場。

後來我發現是季節交替的緣故，加上基隆開始下雨，很容易讓憂鬱復發。但是這兩年完全沒有徵兆，我在生活中也努力安排一些讓自己開心的事，使情緒處於平穩的狀態。

遇到痛苦時，我沒有向人訴苦的習慣，因為抱怨只會讓自己更沉溺在憤怒和悲傷的情緒之中。自己的苦說給別人聽，沒有經歷過的人無法體會，有時甚至還會被當成茶餘飯後的笑柄。

平常我會找些喜歡的事情，把生活的空檔填滿。以前我喜歡烘焙，前年迷上了做袖珍屋模型，去年是組裝檔車模型，讓自己專注在可以讓思緒放空的嗜好中，就不會胡思亂想了。

我很喜歡手作，家裡的櫃子幾乎放滿我各個時期著迷的手作成品。做好檔車模型以後，我拿出二十年前在奇摩上競標得到的無敵鐵金剛，剛好成為他的座騎，顏色還很搭呢！

大概是因為從小沒有什麼朋友，我習慣獨處，可以一個人不眠不休地做模型，或是製作布娃娃、蝶古巴特。這個嗜好不僅訓練了我的耐性，還能從中得到不少成就感。

去年暑假我學會騎檔車，只要天氣好，就會騎著它上班，下班後繞到外木山去看海，吹吹風，心情也頓時平靜了下來。回到家陪妹妹看球賽、寫作業，擼擼五隻可愛的貓、煮晚餐等工程師下班回家吃飯，睡覺時緊緊抱著他聊聊天、開開玩笑，似乎就能安然度過這個秋冬交替的憂鬱時節了。

一定要疼惜自己，找到能讓自己平靜、有成就感的事，多花一點時間在自己身上。

只有先把自己照顧好，我們才能有力氣照顧家人。

當了媽媽以後，所有的重心都放在孩子身上，
很容易忽略了自己。
如果能夠學習與每一個狀態的自己相處，
善待自己，就能活得輕鬆又自在。

我們是教育合夥人，一起來打怪！

我的好友作家黃大米曾經在她的書上寫道，從小父母親就重男輕女，對待她跟哥哥們的方式很不一樣，哥哥們可以輕鬆擁有的東西，大米就算是開口也要不到。小時候，就連哥哥們都笑她是爸媽撿回來的，因為國小畢業時，爸爸就要她去工廠當女工，不要再繼續讀書了。

這樣的環境造就了她對父母親又愛又恨的情結，很想努力證明給他們看，自己是有能力、有價值的。

我可以理解那種長期不被肯定、甚至被忽視的感受。年輕的時候，我曾經當了多年的生教組長，好想升上去當主任，因此在工作上力求表現。

但是，當年的老校長把我準備送出去的評鑑成果狠狠地摔在地上，說：「妳都做了什麼沒有用的東西！」

天知道，我為了那份報告，加班了多少時間！送去教育局的評鑑得到特優，他一句讚美的話都沒有，八千元的獎金我一毛錢也沒看見。不管我做什麼，在他的眼裡都很糟糕，連我想利用假日去進修的公文都被他擱在櫃子裡，就是不讓我去。

我常常想，我怎麼這麼差勁？到底怎麼做才好呢？

直到有一天，有人告訴我：「妳的成就不在那個位置上，妳跟這個校長沒有緣。當主任有什麼好？工作責任大，錢又沒有多領多少！妳老公很負責任，兒子都很健康，把妹妹和家庭顧好比較重要。」那一刻我才恍然大悟，一個人的成就，並不是工作的頭銜。因此，我辭掉了行政工作，去報考研究所，用學歷來替自己的職涯加分。

從那時開始，我不用加班、不用被評鑑，也不用再看校長的臉色。

原本為了當主任，我對老校長的態度總是畢恭畢敬。從放棄升遷那一天起，對我來說，他只是一個擦肩而過的同事，就算他像以前一樣任意在辦公室發脾氣，我也毫不在意。往後的日子，不用再看到他羞辱我的樣子，感覺真好！

大米說：「所有的逆境都是為了成就獨立與堅強，唯有無依無靠，才會自立自強；不受寵很好，這樣才能振翅高飛，無所牽掛。」

是啊！任何位子換誰來做都可以，但是照顧孩子、經營家庭的責任，捨我其誰！於是我把目光焦點從工作中轉移，把家庭當作自己的事業，而工程師就是我的教育合夥人。

上次去演講時，有一位媽媽說，先生超偏心，只疼愛弟弟，卻對特殊兒的哥哥不聞不問，甚至嫌棄他，覺得他能力太差。哥哥雖然沒有說出來，但還是會故意欺負弟弟。

看到哥哥被冷落，她實在很心疼。

這對兄弟之間的衝突，都是因為爸爸的偏心引起的。但是，我跟媽媽說：「不要去執著於爸爸對哥哥疏離的這個點上，他也不是對這個家不用心，想想他至少疼愛了一個孩子。你帶哥哥去復健就醫的時候，他還能幫忙帶弟弟。如果想成夫妻分工合作，是不是會比較好過一點？」

讓我們給爸爸一些鼓勵，針對爸爸對孩子的好、對家庭的照顧讚美一下他。不管是小孩、大人，都需要正向的鼓勵才有動力持續下去。

回想妹妹小時候，工程師常常早上六點多就開車送兒子們去上學，再趕到新竹科學園區上班，晚上接哥哥們回到家時，已經是晚上九點，我和妹妹都準備上床睡覺了。

平常妹妹的復健、就醫、接送上學都是由我負責，她的狀況也只能透過我告訴工程師，所以他自然無法深刻感受到妹妹的辛苦和障礙。因為相處時間少，妹妹跟爸爸之間比較疏離，說他不疼妹妹、說他偏心，其實是不公平的。

有時做父親的是因為不知道該如何跟孩子相處，才會造成隔閡，這是特殊兒家庭常見的狀況。所以，每次帶妹妹去醫院回來，我一定會轉述醫師的意見，把檢查報告結果告訴工程師，讓他可以了解孩子的真實狀況，並且跟他討論妹妹的情況，讓他知道妹妹現在的困難，以及將來要面對的問題。看到他對待妹妹的方式不對，我也會趁著他忙完一天的工作，可以坐下來聊天時，適時提醒他。

如果爸爸不知道該怎樣和孩子相處，做媽媽的我們不要只是嫌棄，給爸爸一些具體的方法。像是請他牽著孩子的手，一起去便利商店買東西，給他們一些獨處的時刻。就算每天只有幾分鐘的時間也好。

在人生中能夠擁有同甘共苦的伴侶不容易，尤其是特殊孩子的家長，承擔了更多的壓力；我想換作是另一個人，不一定能做得跟工程師一樣好。因此我不會要求他一定要做到跟我對等的付出。畢竟，每個人能做的事情不一樣，互相體諒很重要，如果夫妻之間只剩下斤斤計較，這段婚姻可能就會走不下去了。

那天我和工程師因為一些事情而爭執，我想起曾經在《親子天下》專訪中看到陶晶瑩說的一段話，覺得很有感。

她說：「如果總是執著於一些生活中的小事小點上，你可能就會失去這個人。你慢慢就會知道，人生其實就是追求一個平衡的狀態。現實世界不是偶像劇，當你了解自己的定位之後，就不會去衍生不必要的麻煩，不會去找老公麻煩。」

妳可以多看另一半有做的事情，常常說出心裡的感謝，他就會更願意去做，甚至做更多。相反地，如果妳只看對方沒做到的地方，不停嫌棄對方，他就會連原本做到的都不願做了。

沒有完美的另一半，也沒有不生氣的婚姻。所以，我和工程師冷戰往往只限於碰面的時候不說話，在電話和 LINE 訊息裡依舊溝通無礙。我沒辦法在家煮飯時他會去外面買便當，他晚歸時我也會幫他留晚餐；每天早上，他還是幫我泡兩杯茶再去上班。就算生氣，日子還是得過下去呀！

工程師是個生性節儉的人，他一雙鞋子穿了好幾年捨不得換，十幾年前買給他的外套，現在還在穿；只要不是和我一起吃飯，一個便當就打發了他的早午餐。今年是我和工程師結婚二十二週年，我們從我高中時開始交往，當時約會只吃得起一餐三十三元的自助餐。結婚後，一無所有的我，還得挖撲滿裡的錢來支付生老大的費用。到了現在，我們有一間大房子、兩輛喜愛的車、三個小孩、四部摩托車、五隻貓，一路走來真的很不容易，這些都要感謝他的認真和付出。

工程師是個好老公，他每天早上六點起床餵貓，幫我泡茶、晒完衣服才出門。晚上下班回到家後，洗完澡後還要洗衣服、清貓砂、倒垃圾……要做好多家事。在教育孩子的過程中，我和工程師扮演了互補的角色，是彼此的最佳拍檔。教養孩子就像是打怪一樣，我的壞脾氣在脾氣比我更壞的哥哥身上消磨殆盡，我的急躁在弟弟身上無法發揮作用，而我的好勝心在妹妹身上完全使不上力。

兒子進入青春期的那幾年，我和工程師把教育孩子當作是自我修練，想想自己曾經叛逆過的青春，似乎就能夠坦然接受孩子的不安和焦慮了。

沒有完美的另一半，

也沒有不生氣的婚姻。

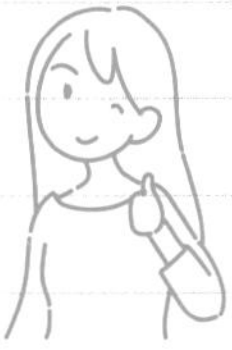

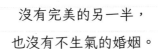

擁有獨特天賦的快樂國中生

時間過得很快，有學習障礙的妹妹今年升上了國中二年級。當她進入國中時，我曾經面臨了一個抉擇，是否應該轉銜普通班？

有些朋友知道我替她選的是特教班都勸我，這樣太可惜了！他們覺得妹妹的肢體動作、理解能力、自理能力都很好，應該可以留在普通班，還有資源班的輔助。

但是我心想，就算在資源班，她識字困難，簡單的加減都無法計算，英文字母都記不全，學這些她一輩子都用不到的數學和理化、英文，意義又是什麼？

除了國文、英文、數學抽離以外，還有很多科目必須要跟一般的孩子一起上課和考試，還要交作業；跟一般的國中生相處，對她來說是個巨大的壓力。所以，即使原本的條件不符，我還是請資源班老師幫我選填特教班。

為了讓妹妹有更好的學習環境，我去參觀了好幾所國中的特教班，有的學校重點放在升高職的綜合職能科，國三有很長一段時間需要不斷練習考古題；有的學校把特教班教學放在學校最邊緣的角落，不管是環境或上課的方式內容，都是我考量的重點。

妹妹讀國小時，遇到什麼事都說我不會，做什麼都要我幫忙，還沒把書打開來看就說看不懂，在一般的孩子中，她沒有機會，也沒有自信。但是上了國中的她不只變得開朗，學習動力超強，遇到什麼事情都跟我說：「媽咪，我來！我試試看。」

我很慶幸自己最後做了一個適合她的選擇。

妹妹每天回到家，談的都是今天上課時大家一起做了什麼甜點，很好玩；木工課使用電鑽和釘槍，多麼有趣。班級人數少，師生比例高，她能受到更妥善的照顧，也沒有令人擔心的霸凌和排擠狀況發生。

在國中這個應該是人生最叛逆的時期，妹妹的情緒很穩定，每天去上學都很快樂。

妹妹是個非常守規矩、有時間觀念的孩子，她早上六點準時起床上學，每天放學回家第一件事情一定是把功課完成，再去阿姨家跟小表妹玩到九點準時回家。洗好澡，九點半一定上床睡覺，從來不會延遲或賴皮。

每天晚上，她會要我上樓替她蓋被子，我在床邊看到她疊好隔天要穿去學校的衣服，看她抱著雪寶，替芭比娃娃愛紗蓋上被子的模樣，覺得沒有叛逆期的孩子真是可愛啊！

考卷上面的分數、升學率高低，對於這個孩子來說沒有意義，但是我想要教導她的是如何照顧好自己的能力，藉此減少一些社會成本。我希望給予妹妹一個友善的學習環境，不需要為了自己的先天障礙感到難過，不必因為怎樣都學不會而被刁難，也不用耗盡力氣去對抗外界的惡意。

很多人都說，上帝關了一扇門，就會打開另外一扇窗。有障礙的孩子往往會有不一樣的專長，我觀察了很久，找不到妹妹的強項，很擔心錯過了她的天賦。但是後來我發現，她的強項就是穩定的情緒和開朗的笑容。

一個人最好的天賦就是正直和善良，我很開心妹妹擁有這個才能。此外，妹妹能有懂得妥善照顧她的父母，以及關心她的家人和老師，是一件多麼幸運的事。

一個人最好的天賦就是正直和善良，

我很開心妹妹擁有這個才能。

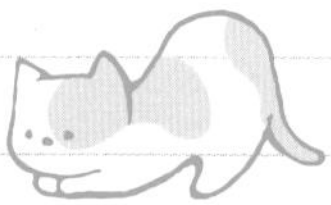

我是母親，也是教育工作者

師範學院畢業後，我被分派到一所公立小學。一到學校，我就擔任生教組長兼導師，工作十分繁忙。

當時的我年輕氣盛，對待學生都非常嚴格，尤其是生教組長常常得當壞人，訓誡犯錯的孩子，管理全校的秩序，哪個班上有不乖的孩子就會送來給我訓誡一番。所以，以前的畢業生只要一提起我，多半會記得沈老師很凶。

上次有個孩子傳臉書訊息給我，我看到她是以前教過的學生，很擔心是不是要來告訴我，當時的我有多嚴厲？沒想到，她說，某天在學校附近遇到我，我關心地問她吃飯了沒？知道她沒吃午飯，給了她一百元，要她趕緊去吃飯。這件事她一直牢記在心上。

當年自己一個不經意的善意舉動，竟然讓這孩子記得這麼久，我覺得很驚訝也很欣慰。

也許有些人覺得救急不救窮，但是孩子的童年只有一次，我和學校的輔導老師捨不得那些孩子因為家庭因素受苦，所以這些年來，我們通力合作，一起關懷在校的、畢業的窮困孩子，想盡辦法讓孩子能夠吃飽，能有替換的衣服和鞋子穿，放學後能有個地方吃飯、寫作業，替一些心裡受傷的孩子安排諮商輔導。

尤其是我們兩個都當了三個孩子的媽媽後，把自己的孩子放在心尖上，更無法對孩子吃不飽、穿不暖視而不見。我們以身為媽媽的初心，努力想拉這些孩子一把。

在學校教了二十年多年，我遇過不少在糟糕的家庭環境下長大的孩子。每個我們用心幫助過的孩子，都有他們無法選擇的童年、不堪回首的過去。但我們無法解決孩子家裡的經濟狀況，也難以改變照顧者的能力和態度，只能把心思專注地放在孩子身上。當我們的眼睛裡只看到孩子的需要的時候，就沒有那麼多的計較和不平了。

那天跟輔導老師談到這些年我們照顧過的孩子，她語重心長地跟我說了聲謝謝。她說，若沒有我跟她一起努力，她沒有力量可以走這麼遠。事實上，沒有輔導老師，我也不知道自己能做的事情這麼多。

在教育崗位上，我們不求做大事，只希望沒有錯過任何一個需要幫助的孩子。

只要我們把身邊的孩子照顧好，就是盡了教育工作者最大的責任。

我曾教過一位隔代教養的孩子，他國小三年級轉來我們班上時，已是第三次轉學，脾氣非常暴躁，對人的戒心很重，常常拒絕學習。

輔導老師和我為了撐住這個叛逆的孩子，幫忙申請各項補助，協助他的阿嬤找工作來維持家計。放學後，我們把孩子安置在安親班裡完成作業，減少跟導師之間的衝突，拜託球隊教練讓孩子一起去打球消耗體力，不要惹事。此外，我們也努力幫忙阿嬤租房子，整個團隊能做的都盡力去做了。

看到孩子順利畢業，升上國中，我們以為可以鬆了一口氣。沒想到，上了國中後，孩子仍然拒學又中途輟學，還做了很多令阿嬤傷心的事。

阿嬤因為要照顧遊手好閒又經常闖禍的孫子，工作始終無法穩定下來。每次看到年邁的阿嬤，我都覺得辛酸，她前半生受到先生的家暴折磨，不得不痛苦地離開家；後半生為了孫子，長期處在貧困的環境、擔憂的情緒之中，四處奔波，真是辛苦極了！

雖然孩子畢業三年了，我和輔導老師還是持續拉拔這個孩子，關懷阿嬤。以前孩子在學校，我們還可以動用教育儲蓄戶來幫忙，畢業後就不屬於我們學校，無法申請補助。

想到孩子也大了，不適合只是單方面給予，我們希望孩子能夠自立自強，所以輔導老師跟孩子說，想請阿嬤來幫我們刷油漆，並且告訴他，阿嬤一個人做不完，拜託他也一起來幫忙。

這個超厭世的中輟生，星期天一整天都跟著阿嬤，把學校走廊上的長條椅漆得漂漂亮亮。當他從輔導老師手中拿到獎學金時超開心的，一直問：「下次還能來幫忙刷油漆嗎？」

輔導老師要他週間好好讀書，等假日再來學校幫忙，他滿臉笑容地一口答應，然後說：「這個週末我可以再來完成還沒做完的部分嗎？」

看到他努力工作的背影，我忍不住紅了眼眶。孩子終於開始懂事，阿嬤是不是苦盡甘來了呢？

走廊上的木頭長椅原本開始褪色、腐壞、充滿髒汙，經過他的巧手粉刷之後，竟然煥然一新！我想，看到自己用雙手完成這項工作，那種透過努力得到的滿滿成就感，以及協助阿嬤滿足被需要的匱乏感，或許就是修復這孩子的心最好的良藥。

我多麼希望孩子內心的不安能夠就此穩住，揮別坎坷的過去，勇往直前；像這個腐朽的木頭長椅一樣，美麗重生。

在教育崗位上，我們不求做大事，

只希望沒有錯過任何一個需要幫助的孩子。

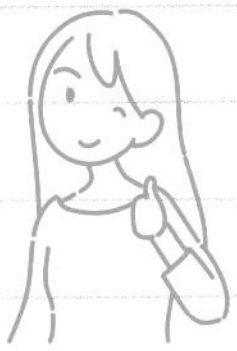

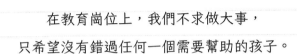

拋開他人的眼光，做你自己

我每天固定早起在臉書發文，持續了七年。在人生中最低潮的時候，每天寫出來的文章都是眼淚，我一邊寫一邊哭，看一遍又哭一遍。

有位網友曾經和我說：「妳是公眾人物，妳有社會責任啊！」我當時有點難過，我又沒有因為臉書賺錢，為什麼需要背負社會責任？可是，後來我發現好多跟我有相同處境的媽媽們，會看著我的文章，跟我一起悲傷、一起努力。

那天跟洪仲清臨床心理師做網路直播，他對於我如何面對網路上的批判和攻擊很好奇，到底是怎樣熬過最難過的時期呢？對於網友謾罵，會不會想要戰回去？

我遇過幾次網路霸凌事件，第一次非常震撼。以前我只是網路霸凌的旁觀者，看到當事人和網民的對話、那些批判的文字，覺得膽顫心驚。沒想到，某天我的一篇臉書文章才剛發出去，經過媒體轉發後，一下子就湧入了幾千個人留言。

前來謾罵的網友絕大部分都是第一次看到我的文章，明明我的主題是寫學校的營養午餐，他們可以牽扯到對「神老師」這個稱呼的觀感，連我叫老公工程師，他們都覺得是在炫耀，說我寫帶妹妹去復健的經歷是在賣悲慘、消費孩子。也有人嫌棄我的身材和長相，說我很難相處、人際關係差，說我炫富開名車⋯⋯不喜歡我的人，甚至把我的祖宗八代都拿出來批判，還有人叫我去死。

我沒辦法理解，為什麼有人可以這樣殘忍，我們之間到底是有多大的仇恨？

當下真的痛苦萬分，想著：「如果我消失了，這些謾罵是不是就會停止？」

當時，不管多少人安慰我，我的眼淚就是流個不停。

大概到了第五天，留言越來越少。在網路時代，可以罵的事情太多了，如果這裡戰不起來，酸民就會另外找尋戰場，不會對一個事件關注太久。如果有另一個更讓他們感興趣的話題人物出現，就會一哄而散。

那些來批評我的人沒有想要我變得更好，也沒有想要知道我付出了多少。他們要我捐出薪水給學生買晚餐，要我拿自己的錢去買貢丸給阿嬤，要我把孩子帶回家養的這些人，並不會捐錢給阿嬤，也不想知道我們幫助孩子的實際作為，更不會看到我們持續幫助這個孩子念到高中。很多人一輩子跟我都沒有交集，也不認識，他們留下一句惡毒的話就轉身離去。

直播中，有位網友說只要有人不喜歡她，就會檢討自己是不是哪裡做得不好？我說，很多時候，沒有不好，只是不合批判者的意，不入他們的眼；只是穿著風格不一樣，成長環境、受到的教育、喜歡吃的東西不一樣，只要對方看不順眼，什麼都可以拿來批判呀！

在事件當下，我禁止自己去看留言，以及網民私訊給我、批鬥我的連結。我很少回覆留言，一部分是因為上班時間不能回，下班後幾百個留言沒辦法回；另一個原因是，這些來挑釁的人看到我的回覆會激起更強烈的戰鬥力，或許還會揪別人一起來戰。我吵架的功力太差，得想很久該怎樣罵回去，哈！況且，我跟這些人是生活在平行時空，原本就沒有交集，又何必在意他們的想法呢？

這輩子跟我們擦身而過的人何其多，何必因爲一個不相干的路人而糾結？耗費太多力氣在這些不想了解自己的人身上，實在是浪費生命。

人生就該浪費在美好的事情上，帶妹妹去復健，為家人煮一頓豐盛的晚餐，去看看充滿希望的日出、令人讚嘆的夕陽、拍打在石頭上的浪花……這世上有太多值得我們去做的事情。別在電腦前看酸民的留言，去海邊走走，欣賞多麼美麗的海浪呀！

前幾天收到《ELLE》雜誌，趕緊翻開屬於我的那幾頁。為了拍照，我人生中第一次穿PRADA，雖然只穿了兩個小時，一定要留作紀念呀！

拍攝當天，一大早我去離子燙，把毛躁的頭髮燙直。結果下午做造型時，大概是因為頭髮太少、太扁，造型師為了讓頭髮有澎度，幫我用電棒燙個大波浪後盤起來……我的離子燙白弄了。

我記得那天天氣很熱，高達三十五度，我穿著高領、超厚的大衣、踩著高跟鞋，在強光下站了兩小時，不知道為什麼，心情超好。大概覺得一切都很新奇吧！只要看到鏡頭就不自覺地大笑，每一張照片裡的我都很開心。

我好喜歡那些照片，把照片給工程師看，他看了很久，說：「這誰呀？」

有人在我的臉書上的照片下面寫著：「醜死了！」

我一點也不難過，還覺得有點好笑。

審美價值是很主觀的，就像我覺得自己買的靴子很帥氣，在工程師的眼裡卻像是雨鞋一樣。

我不需要每個人喜歡我，但也不想接受別人惡意的批評。那些不喜歡我又愛批評的人，不管看到什麼都會覺得醜，所以不需要往心裡去，也不必做任何解釋，封鎖他們就好，就讓我們彼此生活在平行世界裡。

我很喜歡「花若盛開，蝴蝶自來」這句話，這是我自己的人生，不需要跟任何人比較。對平凡的我來說，經過這麼多的磨練和努力，能夠在鏡頭前這樣自在又恣意地笑著，已經是最美麗的一刻。

這輩子跟我們擦身而過的人何其多，

何必因為一個不相干的路人而糾結？

耗費太多力氣在這些不想了解自己的人身上，

實在是浪費生命。

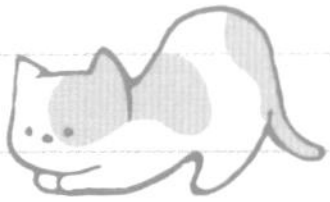

Chapter 2

青春這堂課

孩子不愛讀書，是缺少學習動力

很多家長私訊問我：「我的孩子不愛念書，功課又差，快要讀不下去了，怎麼辦？」我明白他們的焦慮，或許就和我家的兩個兒子一樣，如果能夠找到一個真正適合的環境，就能靜下心來好好讀書。

弟弟國中時，轉學到離我教書地方很近的學校，由我每天接送他上下課。在車上，我會跟他聊天，和他談談新交的朋友，聽他說跟同學之間的互動、課堂上發生的趣事，了解他在學校的情況。

回到家，我讓他學習妥善管理自己的時間，培養自動自發的讀書習慣。我告訴他要對自己的作業負責，不能讓老師在聯絡簿上寫紅字提醒他補交作業，要他放學回家後一定要先把功課做完才行。

我知道弟弟喜歡畫畫和動漫，所以買了很多素描本給他。每天他把作業完成，準備好隔天的考試後，就可以開始畫畫、玩手遊、看影片。當他走進房間後，就是自己的時間，我不去干涉他做些什麼，只要求他晚上十點準時交出手機，上床睡覺。我不盯他看書、寫功課，但是他從來沒有缺交過功課，成績始終維持中上，字也寫得很整齊，不再像以前一樣潦草凌亂，可以洋洋灑灑地寫出幾百個字的作文來。

上了高中之後，弟弟的成績不是很好，但他對分數一點都不在乎，尤其是數學常常考不及格。

每次我問他：「你的數學有沒有需要我幫忙的呀？」他都說不用。

看著他的成績，有時真的很想數落兩句。不過，想到他回到家都已經晚上九點了，一臉疲憊的樣子，實在令人心疼，所以我又把沒說出口的話，吞回了肚子。

很多家長抱怨叫不動孩子念書，我可以理解他們的辛苦。對於我家兩個不愛念書的兒子，我從來沒有因為成績不好對他們發脾氣，也不會問他們為什麼回家不讀書。但是，我會和他們討論獎勵機制，給他們一些努力的誘因。

如果考大學是一個遙遠的目標，我們就把設定的目標縮短一點。哥哥的老師說只要考到班上前十名，上國立大學沒問題，那就把週考前十名當作目標，達到目標就獎勵；考到前五名，獎金雙倍。為了拿獎金可以去加值手遊，從那時候開始，他每次週考都在前十名。

弟弟的成績單常常不願意給我簽名，我跟他說：「獎學金在等你呀！」他說：「快了！快了！」拜託，差了十幾名，哪有快？

有一次，弟弟第二次模擬考進入前十名，他高興極了！遞給我成績單時，他覺得很滿意，還跟我討論之後想念哪一所大學。

有位家長在網路上向我求救：「神老師，孩子的功課我都看不懂，怎麼辦？」我把自己的經驗和她分享。兒子念小學的時候，只要功課有問題，幾乎都是我教的。因為工程師看到那些題目，第一句話不是問哪裡不會，而是問：「你到底有沒有認真上課？上課在做什麼？」每次都弄到大人吼、小孩哭，所以孩子會主動來問我，我也避免讓工程師看他們的功課。

我自己是老師，清楚知道就算孩子認真上課，還是會遇到一些問題，這是很普遍的狀況。有時只要提點一下，就能幫助他們把課堂上學到的東西想得更透澈。

上了高中，哥哥跟我說他的數學都聽不懂，複習卷上的題目也看不懂！我告訴他千萬不能放棄，「我們來想想辦法，你把題目卷帶回來給我看，媽咪高中的時候數學很強耶！大學聯考那年數學高標三十幾分，我考了八十五分，有沒有很厲害？」

結果，我把他的複習卷拿來一看，「這是蝦米？我怎麼完全看不懂？」趕緊跑到參考書專賣店詢問，想買自修來讀，結果因為已經期末，書商全部都回收了。我只好硬著頭皮請工程師幫忙，他霸氣地說：「拿來我看，這很簡單呀！」

星期六早上，我帶妹妹去上體操課時，工程師帶著兩個兒子去公司，一邊加班，一邊教他們數學。說實話，我的心裡實在有點擔心，兒子聽不懂的時候，工程師會不會發火？

沒想到，這些年來，工程師的脾氣已經被孩子給磨平了。早上教了兩個小時，他發現哥哥對整個學期的數學課程內容是一片空白。到了下午，工程師自己上網找到了高一的數學課程，看了兩個小時，想要用更適合的方式來教導孩子。研究完之後，他一題一題地講解，兩人就這樣討論了一個多小時。

某天晚上，工程師很認真地回訊息，我問他是處理公司的事嗎？

他說：「我跟妳兒子盧了一個晚上呀！說他微積分看不懂，要退選。」

原來今年上大二的哥哥，說大一被當的微積分，重修還是看不懂。大概是覺得找我也沒用，所以直接找工程師求救。

他立刻聯繫一位認識很久的朋友教兒子微積分，並且約定好每個星期六早上在台北上課。

就這樣，每個星期五晚上，工程師去高鐵站接哥哥回家；星期六早上，工程師載哥哥去台北上半天課，星期天他自己再搭車回學校。

昨天跟哥哥聊天，我問他上課還好嗎？

他說：「阿北在幫我打基礎，現在基本概念我都懂了，對我很有幫助。」

我以為大學生會覺得每個週末這樣跑很浪費時間，但是能夠看懂微積分，他竟然滿足地笑了！

在孩子抱怨課業壓力大時，內心有可能是無助的，找不到解決的方法。**有時候，學習心態消極的孩子雖然嘴巴上說想要放棄，其實不是真的不想念書，而是需要一些外在的助力；做家長的，不妨引導、推動他們前進，想辦法和他們一起克服眼前的難題。**

有時候，
學習心態消極的孩子雖然嘴巴上說想要放棄，
其實不是真的不想念書，
而是需要一些外在的助力；
做家長的，不妨引導、推動他們前進，
想辦法和他們一起克服眼前的難題。

成就感，是最好的獎勵

有一年，我收到一場電影首映會的邀約，對方提供四個免費看電影的名額。上數學課時，我心血來潮地出了一道題目，告訴台下的學生，寫得最快又正確的前四位，就可以跟我一起去看電影。

結果一個平時習題拖拖拉拉地寫不完、原本對數學興趣缺缺的孩子，為了要去看電影，寫得飛快，第一個就交卷，答案還正確無誤。

那天，他早早就到我們約定的地點等待。看完電影，我請他們在影城裡吃完晚餐，再開車送他們回家。

或許是那次的鼓勵發揮了作用，引發孩子對數學的興趣。在科任課常常被投訴不專心的他，數學課卻能專心上課，也能在時間內完成習題，成績進步了很多。我察覺到他的改變，上數學課時會刻意走到他身邊，讚美他的算式寫得整齊、答案正確。

興趣加上成就感，是最好的驅動力。從此，數學就成了他最喜歡的科目。做自己喜歡的事，往往能激發一個人的潛能。同樣地，**當孩子對某樣事物產生興趣、有好的表現時，給予他們正向的鼓勵，就能讓他們有持續前進的動力。**

簽書會上，有位媽媽問我，她的孩子缺乏耐性，很容易就放棄，做父母的應該怎麼做才好呢？

我自己是一個堅持度非常高的人，尤其是有人反對時，堅持度會達到最高點，哈！而且我遇到有興趣的事物時就會竭盡所能地去學習。所以，只要孩子對某方面產生興趣，我不會潑冷水，一定會支持他們。我負責提供資源，孩子能學習多少，就是他們的造化了。

妹妹上學期從學校帶了一個香包回來，說是她自己縫的，想要再買來練習，打鐵要趁熱啊！我一口氣就訂了十幾個。

縫第一個香包的時候，她縫得亂七八糟，可見當時她帶回來的作品應該不是自己做的，但是她有想學習的動力，當然要好好鼓勵。一開始她覺得很挫敗、很困難，我在旁邊陪著她做，一邊提醒她正確的方法。做了三個之後，我就讓她自己動手做，雖然還是有錯誤的地方，但著實進步不少！

去年新冠疫情期間，我在家裡每天教妹妹打蛋，她無法輕敲後兩手剝開蛋殼，總是把蛋捏爆。我改教她用筷子把蛋殼夾起來，教了無數次以後，她還是失敗，我的火氣都快上來了。但我告訴自己，這時候千萬不能放棄，也不能罵她，否則她可能就會放棄，也就前功盡棄了。

於是我改變作法，在還沒開始煮飯前請她到我身旁，我一邊敲蛋，一邊告訴她要注意的地方，示範操作過一遍後，告訴她：「媽咪去吸地板，妳自己試試看喔！」

每天練習敲五顆蛋，一個禮拜後，她終於敲出五顆完整的蛋了。

我常聽到很多家長說，自己的孩子很廢，除了打遊戲，對什麼事情都沒有興趣。有時候孩子不是沒興趣，而是害怕做錯時會被責備，不如乾脆放棄算了。**孩子在學習的過程中，難免會犯錯；有做，才能發現有錯，並且學會正確的方法。**所以，當孩子出錯時不要怒罵、羞辱和禁止，而是鼓勵他們勇於嘗試、再接再厲。

此外，支持孩子的興趣，是培養堅持力的重要關鍵。

我從小就喜歡做模型，家裡的櫃子擺滿了各種模型，弟弟在國中時對我手作的機車模型產生了濃厚興趣，也想要試試看。

我帶著他去西門町萬年大樓買了鋼彈模型、噴漆和做模型需要的工具，提醒他噴漆的重點、浮水貼紙的使用方法後，就放手讓他自己去嘗試。結果，這傢伙竟然在房間裡噴漆，噴得地板和床上到處都是！我告訴他噴漆會損害身體健康，所以要戴上口罩，去後院的開放空間噴才行。

雖然他被我小小警告了一下，並沒有澆熄對做模型的熱情，一個人玩得很開心，並且樂此不疲。

對於孩子，我們總是擔心很多，擔心他們受傷、擔心他們犯錯……做父母的要有耐心，不要急於一時，也不要緊迫盯人，請留給孩子一些試錯的空間。**讓孩子在容許犯錯的環境中自由探索，在興趣中多方學習，肯定自己是做得到的，就能激發他們的潛力，產生自信心**。我相信，只要持之以恆地學習，即使孩子將來成為不了廚師、模型師或是科學家，在完成的過程中，無形之中也培養了一些寶貴的能力。

孩子在學習的過程中，

難免會犯錯；

有做，才能發現有錯，

並且學會正確的方法。

從日常生活中培養孩子的金錢觀

哥哥在台北讀國小時，有個同學曾經笑他：「你住基隆，很窮喔！」

兒子回來後氣呼呼地問我：「住基隆很窮嗎？」

當時我告訴他：「我們也可以搬去台北住，但是把這間七十幾坪的房子賣掉，可能只能在台北買二十坪的房子，扣掉公設大概就剩下一層樓大小，你想要嗎？」

雖然台北生活機能好、交通方便，我從來沒有想要搬去那裡，因為對我來說，生活負擔太重了。我們現在住的房子有五間大套房、兩個室內車位，回到家不需要到處找車位，旁邊就是交流道；工程師去內湖工作時，不塞車的話，只要二十分鐘就能到達。週末早上，我跟工程師騎車去萬里龜吼日出亭看日出也只要二十分鐘的時間，走路就能到外木山去看海，是不是很棒呢？我們家的五隻貓整天在房子裡蹦蹦跳跳，有時還找不到牠們的蹤影呢！

繳了十幾年的房貸，如今每個月只剩下一萬多元要付，生活過得舒服又愜意。

對於現在的生活，我很滿意。

小時候，因為家裡的孩子多，我經常穿親戚和鄰居給的二手衣。念基隆女中時，由於家裡六個孩子都在讀書，每學期的註冊費都是媽媽標會來繳，更別說買新制服是奢望，高中三年，我都穿別人捐贈的制服上學。

我長得高大壯碩，那些二手上衣往往太緊、裙子太短，紅外套的袖口、領口全都磨破了，還黑到發亮。

有位同學的男友常跟我開玩笑地說：「沈雅琪，妳的衣服這麼緊繃、裙子這麼短，看了歹勢，嘸看拍損⋯⋯」每次都讓我羞紅了臉。

我也常被教官叫去訓話，說我的裙子太短。你以為我愛露，我是沒得選呀！為了遮住緊到扣子縫都能看到內衣的襯衫，我幾乎連夏天都穿著外套。

到了過年的時候，我們每個孩子可以買一件新衣服是我最期待的事。所以從小我就很喜歡過年，有種除舊布新的儀式感。

有一年過年前夕，家裡的貨車很不幸地被偷了，連日子都快過不下去，當然沒有錢買新衣服，令我們幾個孩子都很失望。這種想要彌補兒時匱乏的心理，自然也反應在教養上面。對於添購孩子想要的玩具、文具，我從來都不吝嗇。

弟弟上大學前，我帶他去報名駕訓班，算一算，替他買機車、筆電、繳註冊費和住宿費，加上每個月的生活費，剛開學就要花費大約十幾萬元跑不掉。

他擔心地問我：「我和哥哥兩個人讀大學，你們要花這麼多錢，妳有錢嗎？

我需要去辦助學貸款嗎？」

我說：「哥哥的機車和筆電去年就買了，所以今年他不需要花錢。你有看到我房間櫃子上那個裡面裝了很多五十元硬幣的小罐子嗎？那是你們的教育基金。」

事實上，從孩子們很小的時候，我就有一個習慣，每天下班回到家後把身上所有的五十元硬幣丟到罐子裡，定期拿去存在他們的郵局戶頭，不知不覺中，已經累積了十幾萬。

去年哥哥上大學時，我在戶頭裡留了一些生活費給他，其他的錢領出來買筆電和機車，還綽綽有餘呢！

我和工程師雖然工作收入穩定，但是為了維持一個五口之家加上五隻貓的生計，每個月光是房貸、生活費，各項支出加一加，薪水也差不多花完了。

兩個孩子上大學的學費就要十幾萬，對一般的家庭來說是很大一筆開銷。幸好，我很早就有憂患意識，在他們小的時候就開始存教育基金，希望他們長大後可以安心讀書，不用像我一樣，高中三年的寒暑假都在打工，為了錢而煩惱。

兒子們上了大學後，我和他們說：「爸爸每個月會給你一筆生活費，用完就沒有了。所以你們要好好計算一下，每餐到底可以花多少錢？看到喜歡的東西，想想看是不是真的非買不可？究竟自己有沒有能力負擔？如果把錢都花光了，吃飯就成了問題。買不起的東西就不要買，尤其千萬不可以和別人借錢喔！」

我不斷耳提面命地告誡他們，**凡事做好準備最重要。身上的錢不能有多少花多少，要拿出一點來儲蓄，有急用的時候才不會手忙腳亂**。不是我愛嘮叨，而是用心良苦啊！

凡事做好準備最重要。

身上的錢不能有多少花多少，

要拿出一點來儲蓄，

有急用的時候才不會手忙腳亂。

在網路的虛擬世界中，別高估孩子的自制力

有一次，我和工程師在鼻頭角步道健行，手機突然跳出一個訊息，顯示這個月的電話費高達四萬元！我看了嚇一跳，怎麼可能呢？趕緊找一個網路訊號好的地方查詢，一查之下才發現，從幾個月前開始，每個月都有幾千元，甚至上萬元遊戲點數，是透過我的信用卡扣款支付。

我第一個反應就是我的信用卡被盜刷了！再仔細查看，發現是哥哥使用的一支手機號碼，透過小額支付購買的，立刻打電話問他。他說因為之前點下去就能有寶物套餐，而且帳單不是直接寄到他的郵件信箱，他根本不知道自己點了多少。

由於前幾個月的電信費都是信用卡直接扣款，我沒有察覺，看到這次的帳單數字，才發現事情大條了。

知道事實真相後，我當然氣個半死，一邊走，一邊在心裡罵兒子。但是沿著海岸線，走了大約一個小時的山路，走到雙腿無力、滿頭大汗，我的氣突然之間就消了一大半。

我和工程師商量這件事該怎樣處理，工程師表現得十分冷靜。最後我們達成共識，錢沒了固然心疼，如果因此傷了親情，就太不划算了。

回到家後我和哥哥坐下來懇談，我跟他說，我們的經濟狀況不容許揮霍。我也告訴他，在線上點選就是要付錢，一個月光是遊戲花掉四萬元，實在很離譜呀！

談了很久，他說以後不會再買了，還慎重地跟我說了句對不起。

哥哥從小就是一個不太喜歡花錢的孩子，他會把我們給的零用錢和紅包全部都存起來，不像弟弟左手拿到零用錢，右手就拿去買鋼彈、模型，把錢一下子花光光！

基於信任原則，這次我原諒了他，他也信誓旦旦地說不會再犯同樣的錯。沒想到，過了一個月之後，我收到的電信帳單金額又是四萬元！其中不少費用是沒有主動取消就會自動扣款，還有一些是之前沒有出帳的，前後幾個月加起來超過十萬元。

看到這個怵目驚心的數字我才發現，我太高估了孩子玩手遊的自制力，即使是平常不太花錢的孩子，在網路和手機的虛擬世界裡，還是很容易迷失自己。因為購買手遊點數，不需要實際拿錢出來，對孩子來說就沒有花錢的痛感，很容易食髓知味，大買特買。

我除了鄭重告誡他不可再犯之外，立刻去電信局把手機小額支付的功能停掉。當哥哥十八歲當天，我也把自己的手機號碼過戶給他，每個月只給他基本通話費，讓他自己去超商繳款。

藉由這個恐怖的十萬元事件，我想提醒家長們，如果孩子的手機號碼是大人的名字，記得要把手機小額支付、網路支付的功能停掉喔！

事後，我覺得自己好有修養，沒有發脾氣，也沒有一直拿這件事來數落兒子。

不管是大人還是孩子都會犯錯，

事情發生了，

就是好好地面對它，處理它。

所有挫折和經驗，都會成為成長的養分

有位學生家長跟我說，她的女兒最近考上國立大學，讓她很開心，但是距離開學還有一段時間，看到孩子每天待在家裡無所事事，不是上網就是追劇，到底該不該讓她去打工呢？但又擔心自己的孩子從小沒吃過苦，能否適應外面的世界。

我告訴她，打工是另一種學習。算一算，從小到大，我打過好多工。

國小的時候，我們幾個孩子常常從住家附近的玩具工廠批塑膠花、玩具來加工，完成一個玩具五角，做完兩個一元，拼裝完一束花是三元，現在回想起來真是不可思議，可是我們做得很開心，因為能拿到屬於自己的零用錢。即使做了三天，一個人只拿到二十幾元，還是雀躍不已。

國中的時候，我跟著姊姊去冷凍廠剝蝦子，這個工作真是辛苦，因為蝦子很冰，還常常會被蝦子刺到手流血，回到家以後全身的腥味，怎麼洗都覺得味道還在。但是剝一公斤十元，動作快一點的話，一天就有兩百元，覺得好好賺。

高中的時候，週末我固定在基隆一家很有名的服飾店打工，裡面的櫃姐很會搭配衣服，也很會說話，不管什麼樣的客人進門，她都有辦法讓客人提著大包小包興高采烈地離開。

那段時間，我學習到一些跟客人對話的技巧。一開始我看到客人都會害怕，不知道該說什麼，看久了，也能慢慢賣出幾件衣服。當時一天工作十二個小時，要到晚上十點半才能下班，我們那個社區的公車早就沒了，只能搭公車到山下，再走十五分鐘的路回家，常常回到家都已經快要晚上十二點了。

我去過大賣場當試吃員，在人來人往的商場裡吆喝客人來試吃，真是一大挑戰！不但要應付很多奇奇怪怪的問題，還要防止貪小便宜的人整盤端走，一天站八個小時，回到家腿都快斷了。當時一天的工資有八百元，原本以為很高了，有一天廠商來巡視，我們才知道，分派工作的人抽走了四百元。

我還去牛排館當過服務生，遇到的主廚脾氣非常壞，常常在廚房裡飆罵三字經。有一次某個客人一直嫌東嫌西，一客牛排端進端出三次，一下子嫌不夠熟，一下子又說肉太熟、肉的筋很多，主廚自然一直罵。重新做了一份牛排後，客人果然沒有再反映，但他要所有人在上面吐一口口水，他再淋上醬汁。雖然我做三天就因為手腕筋膜發炎而辭職，從此以後，去外面的餐廳用餐，我絕對不讓餐點再端進廚房，不想吃到口水牛排呀！

高中的時候，我申請在學校當工讀生，被分配到總務處打公文，我連電腦都沒有摸過幾次，怎麼可能會打字？我記得一個月的薪水是一千四百多元，為了工讀費，我特地請讀台北商專的姊姊教我打字，每天午休時去辦公室吹冷氣、打公文，順便練習打字。這也打下了我現在打文章的速度超快，幾乎可以跟思考同步。

高中、大學寒暑假的時候，我曾去百貨公司賣年貨禮盒、中秋月餅，是個很特別的體驗。那是我人生中第一次感受到業績壓力，老闆用抽成的方式計算酬勞，業績好的時候，可以賺到學費和好幾個月的生活費。我還記得大一那年，為了賣完月餅好拿薪水去繳學費，開學三天後，我才到花蓮的學校報到。

大學的時候，我每天都安排了兩個家教。因為念幼教系又要修國小學程，我的課表幾乎每天都是滿的，上課到下午四點多，五點趕緊飛車到第一個家教的住處。晚上七點家教結束，又趕往另一個家教學生的家。

第二個家教學生的媽媽，體貼地留下晚餐給我。每次到他們家的時候，她都要我先吃飽飯再去看孩子們的功課；冬天的時候騎車冷到發抖，看到保溫後的飯菜，心都暖了。人在異鄉可以被這樣溫柔對待，真的是讓我一輩子難忘。只可惜再回去花蓮時，已經找不到他們了，很遺憾沒能當面道謝。

在大學的時候，我沒有去看過一場電影，沒有去 KTV 唱過歌，放學後都在家教之中穿梭。雖然日子過得忙碌，當時的我並不覺得辛苦，家裡有六個孩子同時在讀書，我們的物質欲望一向都很低，能夠有一點屬於自己的零用錢就覺得好開心！能夠自己付學費和生活費，幫忙媽媽減輕一點家裡經濟負擔的壓力，我也覺得是理所當然的事。

回頭想想，在那個物資不充裕的年代，很多孩子都是這樣長大的。從半工半讀的過程中，我體會到賺錢不容易，更要珍惜自己所得到的。在打工時，我遇到各種各樣的人，學會了很多事情，許多現在具備的能力，都是從這些經驗中獲得的。我很感謝每一個給我機會、教育我的人，讓我成為現在的自己。

放手讓孩子去嘗試，體會努力付出得到收穫的美好，即使受挫也能得到寶貴的經驗。

我相信，

在人生中，所有的挫折和體驗，

有一天都會成為讓自己成長茁壯的養分。

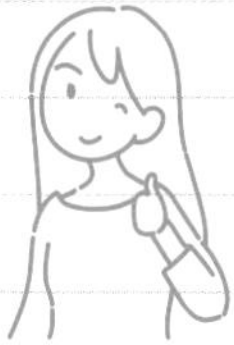

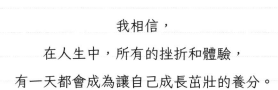

青春的煩惱：冒不停的痘痘

進入青春期後，孩子們最困擾的問題之一，就是臉上長了很多惱人的青春痘。

哥哥國中的時候因為長期睡眠不足，痘痘長滿了臉上，他常常會去摳、抓，所以不只發炎紅腫，也留下了疤痕。

從那時候開始，我每個月都會帶他一起去做臉，讓美容師幫他把摳到結痂的膿包清理乾淨，教他正確的洗臉方式。還好有及早處理，讓他知道摳痘痘的嚴重性，他開始懂得臉部清潔和保養，所以皮膚的狀況明顯好很多。

弟弟到了青春期，也開始長痘痘，但是只要一提到他的臉，他就會生氣。他對待痘痘的方式很粗暴，剛開始只長一兩顆時，他覺得摳掉就沒有了，沒想到越摳越嚴重，變成了難看的疤痕和暗瘡。

由於寒假時學校沒有服裝儀容檢查，他乾脆不剪頭髮，任由前面的劉海蓋到鼻子，上學時也總是戴著口罩，不想讓別人看見他的臉。

長期戴著口罩，讓他的痘痘冒得更多，額頭和雙頰的痘痘、痘疤交錯，看了讓人難過。而他對於自己的臉沒有自信，變得畏縮，就更不想出去見人了。

我好說歹說，終於帶著弟弟去找美容師，幫忙他把臉部角質層清乾淨、敷臉，教他如何正確洗臉，也買了青春期專用的洗面乳和乳液給他。

一開始進入美容室時，他臭著一張臉，做完臉後，終於笑著跟我說話。在回家的路上，我停在一家理髮院前，要他把頭髮剪一剪。他心不甘情不願地走進去，出來後，看到鏡子裡的自己，從一個不修邊幅的流浪漢，回到帥氣的少年，心情大好。

媽媽說的話孩子不想聽，長得漂亮的美容師姊姊說的話，弟弟倒是聽進去了。晚上回到家，他立刻拿著洗面乳去洗臉！原來，媽媽念一百句，還不如美容師教一次，就能讓他懂得保養臉部的重要。

想要預防青春痘，就要正確洗臉、多喝水、少吃油炸的東西，以及擁有充足的睡眠。此外，保持心情愉悅也很重要。

青春期荷爾蒙的變化，帶來了外在的改變，也會影響到孩子的情緒。很多國高中生因為臉上長滿痘痘，開始分心，念不下書。有的孩子因為滿臉豆花而被同學開玩笑，取一些不雅的綽號，感到自卑。長青春痘沒什麼，但是身邊同學的態度很重要，如果經常被同學嘲笑自己的豆花臉，很容易導致情緒低落、覺得受傷，甚至視上學為畏途，開始拒學。

這些言語上的霸凌，往往會造成內心的陰影。雖然外表不是一切，但做父母的別讓孩子任意對待自己的臉，把它摳成了月球表面；或是用各種方法藏住自己的臉，否則滿臉膿包、坑坑疤疤的時候就來不及了。

現在，兩個孩子都上大學了，我還是定期帶他們去做臉，把深層的暗瘡、新長出來的痘子全部一起處理，希望能讓他們更有自信地迎接多彩多姿的大學生活。

青春期荷爾蒙的變化，

帶來了外在的改變，

也會影響到孩子的情緒。

戀愛這檔事，媽媽也是過來人

昨天哥哥跟朋友約了出去玩，工程師立刻緊張地問我：「是跟女生去約會嗎？現在談戀愛會不會太早了一點？」

我跟工程師說，我載他去會合，沒有問他是和男生還是女生碰面，只拿了零用錢給他，要他好好地玩。

工程師問我：「妳都不擔心嗎？」

「咦～有什麼好擔心的？我們不是高中就交往了嗎？」

工程師：「誰跟妳高中就交往？高中交男朋友的是妳這個壞小孩，我是大二才交女朋友。」

以前國高中的時候，我爸爸管得很嚴，只要有男生打來的電話，一律被他惡狠狠地掛掉，掛掉以後還會痛罵幾句。

他管得那麼嚴，結果我還是高二就交了男朋友。那時，我跟工程師都不打電話，直接約在外面。

現在孩子身上都有手機，用臉書、LINE 就能聊天、交朋友，如果聽到他們要出去玩就開始一直狂問、禁止，根本擋不了！只會讓孩子不想跟我們分享任何事，做什麼事情都偷偷地來，遇到困難時也不敢求救，還不如平常就跟他們聊戀愛的話題，提醒他們一些跟異性相處時要注意的事情。

載哥哥去台北的路上，我從他喜歡的動漫女生角色開始聊起，聊到以前男生追我的時候，那些我最討厭的事情，像是約會時自己走自己的、吃牛排用筷子、隨意拿我的飲料去喝、夾我盤子裡的東西去吃、在我面前張口剔牙、付錢的時候留給我結帳、連一塊錢都跟我計較，我不答應追求時對方的態度瞬間變得惡劣……

我說了好多過去的例子，讓他聽了瞠目結舌，也笑得很開心。

我告訴他，如果和女生出去一定要保持禮貌，那些我以為是普通朋友，或是還沒追到我卻有踰矩動作的男生，只會讓我產生反感，列為拒絕往來戶。

提醒他如果只是跟以前的女同學出去，不可以做出讓人誤會是喜歡的動作，如果真的喜歡對方，更要尊重她。約會時，不只要注意自己的言行，也可以從觀察女生的一些習慣當中，看出到底適不適合交往？

像是會一直要求要你買這個、買那個的女生，你得衡量一下，長期下來經濟上會不會無法負擔？面對一直亂發脾氣、有公主病的女生，你得想一想，是不是想要跟她長久在一起？

還有，把髒話當發語詞的女生雖然外表長得美，是不是你真心想要的交往對象？

最後，我告訴他，他已經長大了，凡事要想得更周到，交女朋友時一定要想到後果。以前我有位高中同學因為偷嚐禁果而被迫結婚，他的年紀跟哥哥差不多，就必須放棄學業去工作賺錢養家、養小孩，實在很辛苦。如果他不想這麼早當爸爸，就得要管好自己的行為。我可不想這麼早當阿嬤，我有自己的工作要忙啊，絕對不會替他帶孩子。

平常我跟孩子之間百無禁忌，幾乎沒有不能談的話題，我該說的、該提醒的都說了，剩下的就是孩子自己要思考和拿捏的了。**關於戀愛這檔事，我希望能和孩子冷靜和平的討論，而不是爲了反對而反對，否則孩子可能會因爲叛逆而去做一些被父母親禁止的事。**

有次回雲林看公公婆婆，閒聊時，談到兒子們的學習狀態，公公說要慢慢來，等他們知道讀書很重要時就會全力以赴了。

公公提起，工程師在大一時成績不太理想，到了大二開始努力讀書，成績突飛猛進，幾乎每學期都領到獎學金。

我跟公公說：「啊～我知道關鍵是什麼了！他大二那年認識了我，跟我交往以後豁然開朗，讀不懂的都會了，成績當然進步啊！」

我經常和工程師說，我鼓勵兒子們早點交女朋友，不僅可以讓成績進步，還能開拓視野，願意踏出家門，兩人手牽手一起去欣賞各地的美景，多棒！

工程師不懂，為什麼我要一直鼓勵孩子談戀愛？

我說：「因為跟你談戀愛的那段時間，是我人生中最美好、最難忘的一段時光，我很希望孩子們也能找到那個能跟他們一起看風景的人。」

我知道很多父母知道孩子談戀愛時會強力反彈。想當年我也年輕過，被很多人追過，可以了解孩子情竇初開的心情。但我這個做媽媽的會不會想太多了？其實兒子只是跟男同學出去玩啦！

關於戀愛這檔事，

我希望能和孩子冷靜和平的討論，

而不是為了反對而反對，

否則孩子可能會因為叛逆

而去做一些被父母親禁止的事。

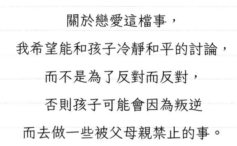

喜歡一個人，更要尊重對方的感受

「下課的時候，我最喜歡站在走廊上看他打球，真的好帥喔！為什麼我看到他跟別的女生說話就生氣？到底要怎樣知道他是不是也喜歡我呢？」下課後，一個女學生突然跑來找我，問了我一連串問題。

高年級的孩子進入青春期，有喜歡的人很正常，但是遇到喜歡的人，該怎樣處理這種怦然心動的感覺？很多問題在教科書上面找不到答案，卻困擾著這些情竇初開的小大人。

我曾經遇過一個五年級的小女生，喜歡上六年級的學長，每節下課都站在走廊上癡癡望著學長打球，有時還會尖叫連連！在球隊裡，她緊追著學長的身影不放，在班級的LINE群組裡，猛放學長的照片。這種追星行徑實在太明顯，不只讓同學反感，也讓另一位喜歡學長的學姊跑到教室來認識她。

喜歡一個人想讓對方知道，希望讓對方也喜歡自己的心情，我也曾經有過。但是，我告訴她：「我們要尊重學長的感受，他是一個低調安靜的人，妳讓他突然變成大家議論的焦點，他當然不開心呀！妳只要一出現，旁邊的人就開始笑鬧，妳有沒有看到他臉上尷尬的表情？」

一個人單方面毫無掩飾的表達愛意，難免會成為大家談論紛紛的話題。這學長個性害羞又靦腆，對於傳來傳去的流言感到很困擾，一看到她就躲起來，最後就連朋友也做不成了。

整個五、六年級因為這件事情鬧得沸沸揚揚，後來我把幾個孩子找來談，才讓這齣差點演變成霸凌的事件落幕。

國中的時候，有一個學長喜歡上我，我卻連他的名字都不知道。我們住在同一個社區，他每天放學後，一邊走一邊跟同學笑鬧著，但我可以清楚知道他就跟在後面。有時他看著我進家門後，會爬上我家的樓頂，在我住的二樓房間上方踏步，讓我知道他在上面。有時他還會爬到我房間對面的樓頂，趴在圍牆上注視我的房間，對著我的窗戶大唱情歌。

有一次我去樓頂，赫然發現他在地板上用粉筆畫了好多不堪入目的A圖，上面標註了我和他的名字，那時才國一的我，第一次看到這樣的畫面，嚇死我了！從此看到他就覺得恐懼，待在房間裡也有種隨時都被監視的感覺，不知道在樓上還是對面，是否正有一雙眼睛看著我。

那個男生還會透過同學來跟我借課本，我不知道是他借的，結果拿回來後發現上面畫了滿滿的A圖，又標上我和他的名字。每次經過他們教室的時候，他的同學都會起鬨，大叫我的名字，讓我尷尬極了。

那時學校有個女同學喜歡上一位國三的學長，並且寫情書給他，結果情書被貼在布告欄上，她和學長都被罰站在訓導處門口，一時之間成了全校的笑談，所以我不敢把自己遇到的事情告訴老師。

爸爸對我們的管教一向很嚴格，有一次爸爸看到他在樓頂畫的圖，氣急敗壞地想打我，問我為什麼學長會這樣畫？他為什麼不去畫別人？我是不是在學校做了什麼？為什麼他會在對面樓頂上唱歌？

我怎麼知道？我也不願意呀！實在是有苦難言。所以就算那男生繼續跟著，又到對面樓頂上盯著我，我也不敢告訴爸爸，深怕又惹他生氣。

每天生活在恐懼中的我，房間的窗簾二十四小時緊閉著，只要看到他跟在後面就好害怕，生怕哪天他會不會對我做出不堪的事情。

有一天，我終於鼓起勇氣告訴學長，那些舉動讓我很困擾、很反感，成了同學之間的笑柄，好幾次都快被我爸爸打，請他可以停止嗎？還好，他從此就放棄跟蹤我了，也沒有其他報復的舉動。但是，這段過程仍然在我的青春期留下了一道陰影。

在課堂上，我把這個經驗告訴孩子們：「喜歡一個人是正常的，我們會欣賞某些人的特質，但是喜歡的方式要尊重對方。用這種跟蹤、偷窺、緊迫盯人的方式，只會讓人厭惡和恐懼，完全不想理他。當時如果我報警的話，他還會有法律責任。如果遇到有人用你不喜歡的方式追求你，請你告訴老師，告訴你的父母，我們會幫助你。如果長大以後遇到這樣的人，一定要很小心，避免單獨出入，要跟家人求助，甚至報警。」

喜歡一個人是很自然的事，
但是會令人感到恐懼的，絕不會是愛。
只在乎自己的欲望，而不在乎對方的感受，
其實也是一種自私的行為。

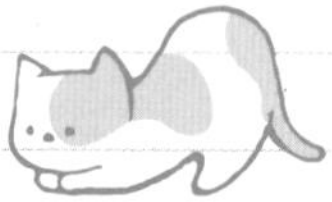

和孩子談性不羞恥

有好幾位媽媽網友問過我，該如何面對孩子偷看 A 片這件事？

還記得第一次發現兒子偷看 A 片時，我超震驚的！非常緊張也很生氣，擔心他會上癮，擔心他變成變態。我不但嚴格禁止，還沒收了兒子的手機。

後來我想起國中時手機還沒有問世，下課時，一堆男同學會湊在一起討論，某個同學的父母這個週末不在家，要一起去他家觀看 A 片的往事。仔細想想，男生到了國中會對「性」感到好奇，或許是很正常的事。

我問一位朋友讀大學的孩子，國中時有沒有偷看過 A 片？

那個大哥哥臉紅地說：「看Ａ片很正常呀！我們都是燒成光碟，同學間傳來傳去，躲起來看，不看的比較奇怪吧！哈哈！」

最後我跟兒子說：「對性感到好奇是正常的，但是你要記得洗手，要保持乾淨，也不要看得太頻繁，我很怕你精盡人亡……」

和許多父母一樣，原本我避開談性這個話題，可是既然孩子已經進入青春期，現在網路資訊又這麼發達，隨便輸入幾個關鍵字，就可以找到Ａ片或是爆乳女優的照片。如果不灌輸孩子正確的性教育，倘若他在網路上看到一些偏差的行為，又沒有及時導正，反而會有不好的影響。

所以，我不再把性當作禁忌話題，而是提醒兩個兒子，和女生交往時要尊重對方，小心兩性之間的碰觸，還有一時性衝動，可能會造成法律、懷孕和性病的問題。我也會把新聞事件當作機會教育，讓他們知道，一旦控制不了自己的欲望時，可能會帶來什麼樣的後果。

做媽媽的跟孩子談性，不是一件羞恥的事。如果現在不談，以後連提醒他們的機會都沒有了。所以，別把性教育交給網路，否則我們不知道孩子看到的、學到的是什麼。

關於性教育，做父母的不妨以輕鬆的方式跟孩子聊聊，循序漸進地灌輸孩子正確的觀念和態度。若孩子願意和父母一起討論這方面的問題，以後遇到問題和困難時才會主動開口求助。

哥哥念高中住校時，有一次，我心血來潮問他：「你有沒有交女朋友？」

他說沒有。

我跟他說，要趁著年輕的時候好好談戀愛、失戀，他笑了起來：「哪有媽媽希望兒子失戀的？」

我說：「失戀是正常的，哪有人像你爸爸一樣，第一次談戀愛就遇到我這麼棒的人！」

此外我也告訴他，遇到不適合的對象，趁早分開是一件好事呀！相反地，如果遇見喜歡的女生就要主動去追求，不要讓緣分就此錯過了。

「你的女朋友以後可能會變成老婆，跟你相處一輩子，跟你一起奮鬥成家。什麼樣的人可以跟你一起努力、跟你生活，你自己最清楚。我們以後不會住在一起，所以你覺得可以跟她相處最重要。只要你喜歡，我們都尊重，也會盡力去喜歡她。」

「媽，妳會不會想太遠了！」

我說不會，「你都這麼大了，以後上大學交女朋友是很正常的事。有了女朋友，難免會有親密的行為，一定要在兩情相悅的狀況下發生才行。對方的意願很重要，千萬不可以一時衝動去勉強對方。你們這個年紀還不適合懷孕，一定要做好避孕的措施。」

哥哥說：「性行為這件事本身沒有問題，要考慮的是對象、年紀和地點，以及後果，要想很多。」

「你這樣想就對了！把可能會發生的事情想清楚，做好準備，才不會造成沒辦法收拾的結果！違法的事情不能做，勉強對方的行為不能做，保護的工作一定要做周全，一定要謹慎小心呀！」

我繼續說道：「如果你老婆以後跟我合得來，你可以常常帶她回來；如果她跟我合不來，就不用勉強帶回來，她只需要對你好就好。但你是我兒子，要找時間回來看看我。」

哥哥說：「我又還沒找到女朋友……」

就是這樣，才要提醒交往時要注意的事啊！等到孩子有了女朋友，所有的心思都在她身上，整個人沉浸在戀愛的甜蜜中，什麼話都聽不進去吧！

做媽媽的跟孩子談性，

不是一件羞恥的事。

如果現在不談，以後連提醒他們的機會都沒有了。

所以，別把性教育交給網路，

否則我們不知道孩子看到的、學到的是什麼。

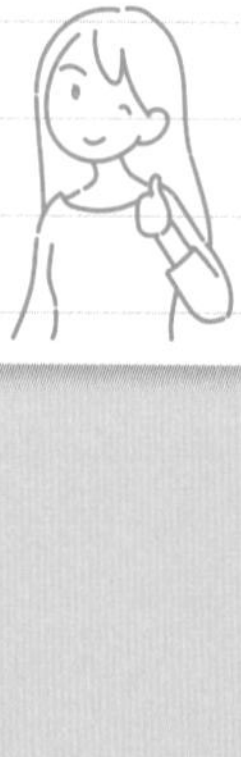

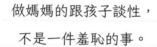

防止孩子掉入網路戀情的陷阱

隨著網路的四通八達，孩子的交友範圍已不限於周遭生活圈。而網路交友軟體和社群平台盛行，也造成了一些社會問題。

這兩年新冠疫情蔓延，很多學校將實體課程改成了網路授課。我接到幾位媽媽的訊息，說她們的孩子開始上網課後，常常躲在房間裡玩手機，不知道孩子是在學習還是上網聊天。

有一天，一位媽媽檢視國小高年級孩子的手機時才發現，裡面有孩子自拍的裸照。

原來，女兒在網路上認識了一個異性，經常對她甜言蜜語。雖然沒有見過面，但是兩人以老公和老婆互稱。釣了她一陣子以後，對方要求女孩拍胸部和下體的照片給他，「老婆，如果妳喜歡我，就拍給我看。」「如果妳不給我看，就代表妳不愛我……」情竇初開的女孩聽了，立刻就拍下裸照傳給他。

家長發現不對勁，用女兒的手機跟對方詢問了兩句，他立刻封鎖帳號，從此人間蒸發。這位家長很擔心女兒的照片不知道會流落何方，感到不安。

另一位媽媽說，她發現女兒的同學們在小群組裡開玩笑地自拍互傳，我請她趕緊通報學校，攔阻這些照片外流。

務必查出是否群組裡的孩子把照片外傳，傳到了哪裡？有沒有任何人誘騙孩子去做這樣的事？當學校通報之後，警方可以透過手機裡的紀錄追查。但有些家長發現這樣的狀況後，擔心孩子留下紀錄，傳出去會很丟臉，所以選擇息事寧人。

如果不法組織透過這種方式來誘騙孩子自拍裸照，沒有被找出來移送法辦，受害的孩子就會越來越多。

平常妹妹的上網狀況我很注意，要求她跟我一起在房間或客廳看影片，盡量不讓她單獨使用手機，也很注意她看的是什麼內容。

我跟妹妹說：「如果有人跟妳說喜歡妳，要妳用手機拍下胸部或是尿尿的地方、屁股，絕對是壞人！真的喜歡妳的人不會說妳不拍就不喜歡妳，這些部位都是很私密的，正常人不會要求妳這樣做。如果有人這樣要求，妳一定要趕快來跟媽咪說。」

如果在學校，老師透過孩子的神情、跟同學的對話、跟平常不一樣的行徑，或是同學打小報告，往往可以看出孩子的異常。可是，遇到停課或是暑假孩子都在家時，老師也幫不上忙，就只能靠父母多注意了。

網路是個光怪陸離的世界，
我們無法掌握孩子在網路上面
看了什麼、學到什麼，
只能盡量灌輸孩子正確的觀念；
平時多注意孩子的交友狀況、情緒起伏
和日常行為，才能及時發現問題，
避免孩子掉入充滿誘惑的陷阱。

與其擔心，不如帶著孩子一起做

哥哥考上大學後，我替他報名了機車駕訓班，他興趣缺缺。我和工程師去他的學校逛了一圈，發現沒有車子行動真的很不方便，他才勉為其難地去考試，最後也順利拿到機車駕照。於是，工程師跟朋友買了一部二手 150 機車給他代步，約好第二年把這部舊車給弟弟騎，我們再替他買新車。

弟弟去年也上了大學，拿到駕照以後，看到工程師騎回來的輕檔車很帥，興致勃勃地說他也想要騎這部車。

我跟他說：「這部車子很小，你的身高一百八十五公分，騎這部很像玩具車，後座太小沒辦法載女朋友，而且你還沒有真的在路上騎過車，實在太危險了！」

他說：「去學就好了呀！我看爸爸騎，應該不難。」

我和工程師一直都有共識，小孩有想學的事情，我們就帶著他們去學。很多家長擔心孩子騎檔車太危險，但他們騎車是遲早的事，與其到學校跟同學借車子騎，倒不如用自己的車，在安全的地方學習，做父母的還能教導他們正確的駕駛規則。

我自己在高中時曾經瞞著父母親，花掉所有打工的錢，偷偷買了一部二手摩托車Dio，才開始學騎車。沒多久，為了閃避一隻在馬路上突然竄出來的小狗而摔車，跛腳了半個月才好，最後還得借錢去修車。現在回想起來，真是替自己捏了一把冷汗！

弟弟開始學騎車後，一下子就抓到換檔的技巧，不過轉彎、降檔還需要多練習。因此，我苦口婆心地告訴他一些要注意的地方。

「我的方法都對，怎麼可能會熄火？」弟弟說。

我告訴他：「有很多事情只能意會無法言傳，沒辦法把每個細節都說清楚。對我來說，騎檔車就像呼吸一樣，感覺快喘不過氣時就換檔，換了以後會覺得呼吸順了一些。就是要不斷的嘗試和練習，才能感受到車子想換氣的感覺！」

工程師鼓勵地說：「多練幾次，下次去社區旁邊的山路練上坡起步和轉彎，再騎小綿羊熟悉一下路況，這兩個月學會了，用MSX代步應該不難。」

結果，弟弟第一次自己騎車出門就摔車，對騎車有了恐懼。原本他和哥哥吵架，冷戰了好幾個月，暑假常常一起出門騎車吃飯後，感情變得很好。

暑假那兩個月，我只要中午不在家，哥哥就會約弟弟一起騎車繞過山頭去吃麥當勞，帶著他慢慢騎，慢慢練。

哥哥說：「我都會趁弟弟心情好的時候，提醒他要注意的地方。如果一直講，他會覺得煩。每一次騎車出去吃飯提醒他一個地方，他就不會那麼反感，現在他已經騎得很穩了。」

當哥哥跟我說也想騎檔車時，我一點都不訝異。我跟工程師交往以後，他就騎檔車載著我，全台灣走透透。當時我們約定好，以後要一人騎一部重機去環島，現在工程師也有一部大型重機，常常騎著它去兜風。

很多人覺得騎檔車容易飆車，十分危險。但是我們一直都有騎重機呀！所以覺得男孩想學騎檔車是很正常的事。

當初為了陪兒子練車，我去考了普通重機的駕照，也買了一部檔車給自己。我每天凌晨四點起床，趁著路上沒有車時去練習紅燈起步、熟悉路況，一個人騎到山上去，練習過彎。

平常兩個兒子都超宅的，假日幾乎都關在家裡，睡到中午才起床。以前約他們出遊，超難約的。但是哥哥學騎檔車後，凌晨四點多，揪了弟弟跟我出門了好幾次。我們一起騎車去外木山、平溪、萬里龜吼日出亭看完日出後，再去吃早餐。假日，我刻意跟他們約在金山、萬里、濱海公路上的餐廳吃飯，他們也願意騎車同行。騎車出遊時他們的心情放鬆，可以好好地聊天對話，整個暑假我們的相處超愉快的。

沒想到陪兒子們騎車的效應這麼大，讓兒子們願意出門去看風景吃美食，也拉近了彼此之間的距離。

原來，一個小小的改變，

就可以改變整個家的氛圍。

替被孤立的孩子
撐起一把保護傘

哥哥讀國中的時候經常髒話連篇，讓我很憂心，因此詢問了一位朋友的意見，她的家裡也有一個處於青春狂飆期的男孩。

朋友問我：「只有他說髒話嗎？還是他四周的人都說呢？如果連教練罵學生都用三字經，所有同學開口閉口都是髒話，妳要怎麼期待孩子不說髒話呢？」

高一住校的時候，哥哥常常生病，上課睡覺，我問他晚上為什麼不早一點上床睡覺？他說整個寢室的同學都打電動玩到凌晨一點，燈火通明，要怎麼睡？因為睡眠不足、練球又很疲累，每個人上課都在睡覺，久了之後老師也無心上課。

在這種情況之下，不睡覺的話，要做什麼？

在一個沒有讀書風氣的地方，要孩子獨善其身，懂得自律和自動自發地學習，談何容易？我捫心自問，自己應該也做不到吧！

青春期的孩子老愛說要做自己，特立獨行。雖然他們嘴巴上說不在乎，其實最在乎的就是同儕的看法。如果能夠得到他們的認同，就覺得安心。

有一次哥哥告訴我，他從來就不喜歡孤單一個人，也不想要被大家討厭。可是，在他被同儕孤立的那段時間，他對於自己的人際關係，實在是無能為力。

雖然他的心裡其實是很徬徨無助的，又不知道該怎麼辦才好，只有在內心築起一道保護牆，讓自己對所有事情保持冷漠，才不會受到更多的傷害。

哥哥轉學到新的學校後，班上的同學對他都很友善，他和同學之間互動頻繁，下課時還會一起討論功課，總算讓我鬆了一口氣。

上大學以後，哥哥就沒有剪過頭髮，上次回來時劉海都蓋住眼睛了，我忍不住建議他：「要不要趁這次回家，去你常去的店剪一下？」

他說：「不要！我不要剪，要留長頭髮，然後綁起來。」

我實在很難想像他留長頭髮的樣子，但是也只能默默接受了。

結果他才回學校三天，就LINE傳訊息給我：「我剪頭髮了！」

原來是學長要去剪頭髮，問他要不要一起去，他就跟著去了。看來，同儕的力量真的很大！

原本超宅的他上了大學後，交了新朋友，個性有了明顯的改變。他變得正向思考又開朗，會和同學一起去旅遊、參加聖誕隊聚，一個禮拜有三天晚上還和朋友相約去打球。

孩子在就學期間，同儕和環境的因素影響很大，遇到不友善的同學或老師，我會試著和他們溝通看看，能不能想辦法改善現況。如果孩子繼續處在這個環境之中還是覺得痛苦，換一個環境，說不定就能讓孩子好好過下去。

我的作法是把孩子找來聊聊，一起討論要繼續在原來的班級努力？還是轉學？我尊重孩子的選擇，但也事先講明，做了每個決定之後所要承擔的責任是什麼。在轉換環境前要先讓孩子做好準備，想想跟同學或老師產生摩擦的原因，應該改變的、該注意的都要想清楚，到了新環境就要提醒自己，避免重蹈覆轍。

孟母三遷絕對有它的道理，讓孩子在友善的環境中學習，不必耗盡心力去抵抗外界的紛紛擾擾，心情才能平靜，書也才能讀得下去。

青春期的孩子老愛說要做自己，特立獨行。

雖然他們嘴巴上說不在乎，

其實最在乎的就是同儕的看法。

如果能夠得到他們的認同，就覺得安心。

不完美又怎樣！生命總會找到自己的出路

念小學的時候，常常有男同學嘲笑我的聲音，他們會故意壓低聲音，做沙啞效果來學我說話。那些難聽的聲音、誇張的表情，常常都讓我覺得無地自容。雖然這些臭男生很討厭，可是我又無力制止他們的頑皮行徑。

國小時，我跟著大家去報名合唱團甄選。甄選那天，音樂老師教了幾次用肚子唱歌後，要大家跟著唱，唱到一半，老師突然走下台，巡著巡著，突然站在我面前，「啪！」的一巴掌打過來，「叫你用肚子唱，你是聽不懂嗎？聲音這麼原始，怎麼唱歌，你不要參加了，你回去！」

所有的同學都目瞪口呆地看著我，帶著臉上巴掌印哭著離開。那是第一次，我發現原來自己的聲音難聽到這種地步。從那時候開始，原本很喜歡唱歌的我也不敢再唱了。

當了小學老師以後，第一個職務就是生教組兼導師，不管在教室或是全校集會，都得要大聲說話，透過廣播，我的聲音似乎更低沉、沙啞了，所以我很不喜歡用麥克風，聽到自己的聲音覺得很不好意思。還有一年級的孩子直接對著我說：「老師，你的聲音好像妖怪⋯⋯」

有一次我跟在網路上認識很久的網友見面，才一開口，她就說：「看妳長得水水的，聲音怎麼這麼難聽，好可憐！」

因為天生的不同，就必須接受那些不經意的玩笑、惡意的傷害和歧視嗎？這讓我覺得難過又不平。

由於妹妹的緣故，我開始推廣融合教育，跑遍全台灣，進行了四百多場演講。一開始我很擔心，這種破鑼嗓子要怎麼去演講呢？老師們會不會因為我聲音太難聽就不想聽？但是為了宣傳融合教育的重要，我還是勇敢站上台。幾場演講下來，我發現，聽眾不會因為我的聲音難聽而離席，但是會因為我的真心而留下來，不會因為聲音難聽而少一些感動。

在妹妹兩歲時，我重返校園就讀研究所，在寫論文的過程中，我看了很多身心障礙照顧者寫的書和文章。看到別人的經歷，我一邊落淚一邊鼓勵自己，即使是情況這麼嚴重的孩子，他們的父母都不放棄，幫助孩子進步這麼多，我又怎能輕易放棄呢？

從那時開始，我把自己的經歷在臉書上一點一滴地記錄下來。當年大學聯考國文沒有低標的我，不但寫了十年的文章，還出了六本書。

我的人生經歷有這麼多的挫敗，但很多的不可能，在經年累月的努力後都成了可能；現在回頭去看，每件發生的事情都有它的意義。**我相信生命會找到自己的出路，孩子也是一樣，那些獨特的生命，也會帶來不一樣的人生。**

我相信生命會找到自己的出路，

孩子也是一樣，

那些獨特的生命，也會帶來不一樣的人生。

幫助有「被討厭的勇氣」的孩子，找出被討厭的理由

記得哥哥念國中時，有天跟他閒聊，他說有個同學經常都不帶衛生紙，老是到處向人借，他的衛生紙就被借了很多次。尤其前陣子這位同學感冒，一整天下來，衛生紙就被抽去了半包。

有些人對這種行為不以為然，當那位同學要借衛生紙的時候就會斷然拒絕。也有人問他為什麼不自己帶？可是那同學依然故我。兒子一開始並不介意，但是長期下來，還是令人不太開心。不過，下次看到那位同學紅著鼻子擤鼻涕時又覺得於心不忍。

我跟他說：「沒關係，既然你決定要借他，就不要放在心上。如果衛生紙用完了，再帶一包去學校就是了。」

他連續提了這件事好幾次，還義正詞嚴地說：「不管是誰，都不喜歡別人長期占便宜的行為。」

我告訴兒子：「乾脆你帶一包衛生紙給他，告訴他，這一包送給你，以後可不可以不要再來抽我的？」

兒子突然愣住，張大眼睛地說：「妳怎麼會這樣處理？這樣很尷尬耶！我跟他的關係就毀了！抽個衛生紙而已，不用撕破臉吧？」

「哇！不是你一直抱怨嗎？既然讓你這麼不開心，我們就想個一勞永逸的辦法呀！」

他說：「也不能用這種方式，要用婉轉一點的方式。」

我尊重哥哥的想法，並且告訴他：「你另外帶一包衛生紙專門讓他借，就當作是送他的，一包留給自己用，這樣心裡就不會不舒服啦！」

他說：「這樣好耶！就當作是抽他自己的。」

記得幾年前，班上有個成績和各項表現都很優異的孩子，有天下課時，我看到一位同學拿著課本去找他，結果幾分鐘後，卻聽見那孩子大聲的說：「拜託你以後不要再來了！」

我在下課吵鬧的背景音下清楚聽到這句話，可見說得多大聲。我立刻把那孩子找來，問他：「你為什麼這樣說？」

「他問很久，耽誤了我的下課時間。」

我說：「可是，你當眾告訴他以後不要再找你幫忙，會不會讓他很難堪？」

同學點點頭。

「他是一個認真的小孩，又很信任你，知道你的成績很好，所以才會來拜託你幫忙。你這樣說，不只讓他難堪，也讓其他人以後不敢來找你幫忙，對嗎？

我知道你喜歡看書，下了課很想看課外讀物，你覺得怎麼拒絕他才不會讓他難堪呢？」

我跟全班的孩子分享，國中的時候，我對數學很有興趣，遇到不會的問題，馬上去問同學。有一次，我問了一個成績很好的男同學，他竟然大聲地說：「沈雅琪，妳不覺得自己很丟臉嗎？妳姊姊成績那麼好，妳怎麼連這個都不會……」都經過三十年了，為什麼他說的每一個字，我都還記得？因為當下覺得很丟臉。

所以，我們每個人說話的時候都應該更謹慎。如果你不希望從別人口中聽到殘忍的話語，說話時更應該保持善良，多站在別人的立場想想再說出口。

我把問問題的那個孩子找來，問他：「你被當眾洗臉，有什麼感覺？」

他說：「沒什麼感覺，以後不要問他、不要理他就好。」

我說：「不對，我覺得你應該要有感覺，應該要想想看，他為什麼這樣說。他講話很直接，但我想那可能是他真實的感覺。當我們一直去問同學問題的時候，真的會耽誤到別人下課玩耍的時間，又不好意思跟你說。那你覺得應該要怎麼改善這個狀況呢？

我有發現你不是不會，是遇到比較複雜的題目，立刻就去問同學。下次可以先試著思考看看老師上課時教的方法，自己寫寫看。多做題目也能讓你更了解以後遇到類似的題目時該怎麼解題；如果真的遇到不會的題目，可以拿來問我。」

同儕之間的互動很重要，而孩子不當的說話方式也常常影響到校園裡的人際關係，卻不自知。這位成績好的孩子，習慣這樣直來直往的說話方式，不知不覺中得罪了一些人。如果這個孩子在班上有影響力，也會讓其他人用同樣的態度去對待問問題的孩子。

那位拿著問題去詢問同學的孩子，對什麼事情都無所謂，即使被當眾拒絕也覺得沒關係，更不會知道別人為什麼不喜歡自己的原因。唯有引導他去思考別人對待他的方式和態度，才能改善自己的問題。

也許這是教室裡經常會出現的小事，但是小事不處理，慢慢地就會變成大事。教室裡的一舉一動都是學問，我們不只尊重孩子的選擇，也要帶著他們去學習做出善的選擇。

同儕之間的互動很重要，

而孩子不當的說話方式

也常常影響到校園裡的人際關係，卻不自知。

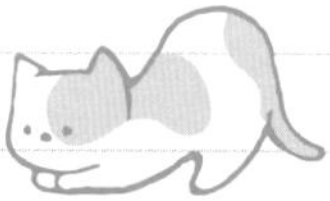

當孩子不必用言語武裝自己，就能看到他們本來的模樣

兒子剛上國中時，在生氣的時候會口不擇言，幹字連連，我實在聽不下去，但是不會跟他對罵，也不會在他生氣的時候，急於糾正他。

等到他情緒緩和的時候，我跟他說：「如果我生氣的時候也一直對著你說幹，你覺得開心嗎？你有沒有發現我和爸爸不管多生氣，從來沒有用這些字眼來罵過你們？」

有時跟他們聊天時，我也趁機分享自己在學校遇到的一些狀況，告訴他們：「其實我們每個人都有自己的壓力，今天我被校長叫進校長室怒罵，你有感覺到

我現在真的很生氣嗎？如果我在上班時遇到不開心的狀況，回來就把怒氣發洩在你們身上，你們會不會覺得自己很倒楣？」

在班上，我也經常和孩子們說：「你不希望別人怎樣對待你，就不要用同樣的方式對待別人。」希望大家都能夠設身處地想想別人的感受。

適時地教育孩子很重要，我們都不希望培養出只會抱怨、批評的孩子。

哥哥上了大學後，有次送他回學校的路上，聽他說了很多之前叛逆期的想法。那時候我們覺得他無理取鬧，覺得他任性，原來是不理解他的想法和感受，難怪他會生氣。

當孩子脾氣一來，在一時衝動之下，往往會脫口而出無法挽回的氣話。所以在情緒當下別急著和孩子說道理；不要只看到孩子外在的叛逆，要直視他們的內心。**當孩子不需要用尖銳的言語和防衛的態度去武裝自己時，就能看到他本來的模樣。**

朋友說她十六歲的孩子，每次只要跟她說話時都很尖銳，有時還會當著大家的面，毫不留情面地頂撞她，甚至口不擇言的詛咒別人。

我問她當下怎麼處理？她說一定重重反擊，找機會罵回去。

或許她和孩子之間的架吵贏了，卻也失去了寶貴的親情。

人際互動就像是迴力球，我們用多大的力量擊出去，反彈回來的就會是同等級的殺傷力。

即使在孩子脾氣最暴躁的那段時期，我也從來不曾用尖酸刻薄的語氣或是攻擊的方式跟孩子對話。當孩子有情緒時，我會冷靜下來等待時機，等他氣消了以後再找適合的時間跟他討論，並且反問他，「你一生氣就口不擇言，如果我也用同樣的方式罵你，你接受嗎？」

當一個人處在情緒的高點時，絕對不是溝通的好時機；當孩子不用像刺蝟一樣防備，才能好好地聽進我們所說的話。所以，教導孩子管理自己的情緒前，請直視他們容易受傷的心。

當孩子不需要用尖銳的言語和防衛的態度

去武裝自己時，

就能看到他本來的模樣。

孩子是獨立的個體，有屬於他們的人生風景

以前我總覺得做什麼事都應該全家人一起，總是想把最好的留給孩子。自己一個人吃到什麼美食、看到什麼美景都覺得遺憾，沒能跟家人共享。

為了讓工程師也能看到我眼裡的美景，我曾經約了晚睡的他凌晨去外木山看日出，結果假日他昏睡了一整天，哪裡也去不了。我們作息時間不一樣，硬是要對方配合，好意變成了壓力。

兒子們從國小一年級開始，週六要練球，所以我會趁著星期天放假，帶他們出去走走。

孩子小的時候，去哪裡都黏著父母，我們也習慣帶著他們一起出遊。可是，上了國中以後，哥哥說想留在家裡休息，問我可以不要去嗎？

我說：「這是全家人的活動，好不容易放假時可以出去走走，花蓮這麼美，為什麼不想去？」

在兒子的眼裡，那些好山、好水，真的好無聊。硬是把他們帶出門的結果是一上車就睡覺，不管吃什麼都沒興趣，去哪裡都沒意見。

當我驚呼窗外碧海藍天的美時，兒子告訴我：「就是雲、海和幾棵樹，到底有什麼好看的？」

我們下車拍照看風景時，他們寧可留在車上睡覺，也不願下車走走。整個旅程弄得他們不開心，我也很痛苦。

有次我開了六個小時的車帶全家人到台東看熱氣球，回來後跟大家說起這趟旅程，心情興奮又激動，弟弟卻說：「累死了！開那麼久的車子，就為了看幾個氣球，有什麼好玩？」

我們花了很多錢去賞鯨，哥哥則說：「幾條魚跳來跳去，要看什麼？」堅持不走出甲板。

於是總是熱臉貼冷屁股的我，不再勉強他們同行，只在規劃行程時順便問他們一聲，要不要一起去？

如果他們不去，多出來的預算就讓我和工程師這趟旅遊升等，可以吃更多好料，住更高級一點的民宿。

等到兩個兒子年紀大到可以獨自在家後，我們決定尊重他們的意願，全家人出去吃飯時盡量找選擇多一點的賣場，讓他們可以去買自己想吃的東西。規劃旅遊行程前，先問他們要不要去？完全不需考慮他們的需求，更隨興自在，不用看他們無聊不耐煩的表情，也不用顧忌吃不了辣的哥哥。

上次全家人出國去日本玩，我訂了同一間飯店，以及富士山一日遊的共同行程。工程師給了兒子一些錢，要他們自己規劃其他三天的行程，上網研究怎麼坐電車，買想要的東西。其他的時間，工程師就帶著我和妹妹到處走走、逛逛。

喜歡窩在家玩手遊的兒子，到了東京想逛的只有秋葉原和台場，想買的只有球鞋，如果那五天大家一起走，弟弟去秋葉原三次，我大概會瘋掉吧！而我們每天走十幾公里的路看風景，他們應該也會爆炸！當我們很興奮地去燒肉名店吃飯、用臉書打卡，他們卻寧可吃十分鐘就可以填飽肚子的吉野家，也只能任由他們去了。

想想我自己在高中前，每天坐車上學就會看到海，沒有太多的感覺，甚至不會多看一眼。自從跟工程師談戀愛後，騎車到任何一個海邊，看到夕陽、浪潮，都能讓我感動不已！潮起後落下來的不是海水，而是滿天的愛心。

我想，兒子們不是不願意欣賞美景，而是吸引他們去欣賞的人還沒出現，那個人一定不會是我。

人家說老來伴，或許老了之後，就只剩下我跟工程師在人生旅途中慢慢走吧！而在教養孩子這條漫長的道路上，**把孩子當作獨立的個體，不干涉他們的選擇，是我從他們身上學會的功課**。

有些人生風景，孩子必須自己去經歷才能有所體會。父母不要用過去的經驗和教條來限制孩子，或硬要孩子接受自己的想法，和孩子相處時秉持互相尊重的原則，剩下的就是他們自己的選擇了。我只希望他們能夠選自己所愛，愛自己所選。

把孩子當作獨立的個體，

不干涉他們的選擇，

是我從他們身上學會的功課。

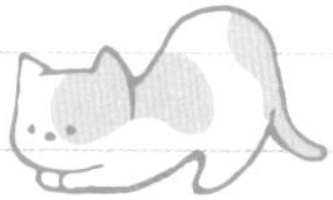

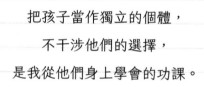

後記

不自由的媽媽，最幸福的選擇

弟弟從小過敏很嚴重，起床時會打噴嚏，鼻涕流個不停；到了晚上，常常因為鼻子癢、鼻塞而睡不著覺。我帶他去看醫師，醫師說要吃藥持續三個月，並且多運動。雖然他的運動量很大，過敏情況卻始終沒有改善。於是，我開始自己打豆漿，每天做健康早餐給孩子吃，慢慢地，弟弟打噴嚏的頻率少了很多，有時遇到季節交替、溫差變化大時，也沒有出現過敏症狀。

從小到大，為了這兩個兒子，我不知操了多少心，流了多少眼淚。

去年，剛考完大學的哥哥說想念台北的學校，就能住家裡時，我簡直嚇傻了。我可不想再當個隨傳隨到的免費保母車司機啊！也不想配合他的生活作息，又不能明說，只好不著痕跡地勸說：「台中那間大學還不錯呀！」「台南的那所大學是企業首選耶！」但他堅持把台北的學校填在第一志願。

放榜時我忍不住在心裡歡呼，我一定是上輩子拯救了世界，哥哥才會被分發到中南部的大學，那一刻真的覺得自己出運了！

希望孩子到外地讀書的想法，不是不愛孩子，而是身為母親的我，很懷念生了孩子以後就一刻不得閒的自由。當孩子離開家去外地上大學，對他們來說是人生一大解放，對身為媽媽的我來說，何嘗不是重獲自由呢？我不再需要一大早叫兒子們起床，每天為料理三餐而傷神，不用考慮他們的喜好，可以煮我想煮的、愛吃的菜。

有時候我也會羨慕左鄰右舍的媽媽們，她們有的長得漂亮，有的孩子很聽話，有的經常開著閃亮亮的名車出門。相較之下，我長得又胖又壯，聲音又粗又啞。從小到大，三個孩子總有讓人煩惱不完的難題，等著我去收拾；而工程師不管賺多少錢，似乎都不夠用。每天到了學校，我要面對二十幾個精力旺盛的小學生，常常疲於奔命！

但是，轉個念頭想一想，我有輛可以四處奔馳的小車子代步，有一雙令我驕傲的修長美腿，有一棟可以安身的房子，有辛勤工作且疼愛我的老公、三個身體健康的孩子，還有一份穩定的工作，是不是很幸運？

我們觀看一件事情，可以有不同的角度，而我們的選擇也決定了生活的方式。有時想想，當個不自由的媽媽，或許是我人生中最幸福的選擇！

教養生活 073

誰的青春不叛逆

作者　神老師 & 神媽咪（沈雅琪）
責任編輯　沈敬家
校對　劉素芬
封面設計　江麗姿
內頁排版　江麗姿

總編輯　龔檍甄
董事長　趙政岷
出版者　時報文化出版企業股份有限公司
一〇八〇一九　臺北市和平西路三段二四〇號四樓
發行專線（〇二）二三〇六六八四二
讀者服務專線　〇八〇〇二三一七〇五
（〇二）二三〇四七一〇三
讀者服務傳真（〇二）二三〇四六八五八
郵撥　一九三四四七二四　時報文化出版公司
信箱　一〇八九九　臺北華江橋郵局第 99 信箱
時報悅讀網　www.readingtimes.com.tw
法律顧問　理律法律事務所陳長文律師、李念祖律師
印刷　勁達印刷有限公司
初版一刷　二〇二三年一月十三日
定價　新台幣三八〇元（缺頁或破損的書，請寄回更換）

時報文化出版公司成立於一九七五年，
並於一九九九年股票上櫃公開發行，
於二〇〇八年脫離中時集團非屬旺中，
以「尊重智慧與創意的文化事業」為
信念。

誰的青春不叛逆 / 神老師 & 神媽咪 (沈雅琪) 著 . -- 初版 . -- 臺北市 : 時報文化出版企業股份有限公司, 2023.01
面； 公分 --（教養生活 ; 73）

ISBN 978-626-353-229-8(平裝)
1.CST: 親職教育 2.CST: 親子關係 3.CST: 青春期

528.2　　111019436

ISBN 978-626-353-229-8
Printed in Taiwan